ケーススタディで学ぶ

地主が知っておくべき

地代交渉と
借地・共有地の
有効活用

不動産鑑定士　三原一洋
行政書士　　大野徳明

　相続による世代交代が進んだ結果、以前より底地の管理や運用に頭を抱えている地主が増えているように感じます。また、相続によって生じる共有関係が更に問題を複雑化させています。

　実際、底地・共有地に関わる問題というと、どうしても法律の問題と考える人が多いようです。確かに底地については借地借家法という法律があり、これが重要な役割を果たしています。ところが、借地借家法は、地主の立場が強く賃借人が弱い戦前の時代における、弱者救済の考え方を取り入れた法律です。そのため現在においては、どちらかと言えば、地主にかかる制約の方が大きい場合もあります。

　地主への制約が大きいという考え方は、法律の世界ではまだ少数派のようです。したがって、地主側の視点で物事を説明する本は、これまであまりありませんでした。また、これらの問題の解決には、法律だけにとどまらず、不動産の評価（賃料、土地価格）、取引、税金など多岐にわたる知識や実務が必要であるため、問題が生じた際にどこに相談すればよいか分からない地主が多いものです。

　本書は、このような地主の方に向けて、底地・共有地に関する管理、運用、借地整理の方法について、具体的な事例をもとに、どのような解決が可能なのかを示し、トラブル解決の１つの指針としての解説を試みたものです。

　本書の特徴は主に２つあります。まず１つ目は、多くの章において、厳選した実例に基づくケーススタディを紹介していることです。これらのケーススタディは、敢えて物語仕立てにしました。周辺事情にはフィクションを交えていますが、不動産をめぐる課題や解決は実例に則してい

す。一般の読者の方に興味深く読んでいただき、各事案について具体的な
イメージを持っていただきたいと考えたからです。そして、その具体的な
事案を通して、どのように問題を解決できるのかを出来るだけ分かりやす
く解説しました。

　2つ目は、法律関係の解説だけでなく、底地や共有地に関するトラブル
において重要な争点となってくる地代や地価の鑑定評価について、できる
だけ分かりやすい解説を試みたことです。本書では、特にその点に力を入
れています。一般向けの類書でここまで踏み込んだものは少ないのではな
いでしょうか。

　なお、タイトルは「地主のための」としていますが、無論、借地人の方
にとっても、地主の悩みを知ることで、借地に関わるさまざまな問題の解
決の一助になるでしょう。
　また、本書は、専門的知識のない一般の読者を想定して書かれています
が、地主をクライアントにもつ税理士、宅地建物取引士の方々にとっても
業務の参考になれば幸いです。さらに、継続賃料に係る不動産鑑定の解説
については、賃料増減訴訟等に関わる弁護士の方々の業務にもお役に立て
れば大変嬉しく存じます。

　2022年5月

不動産鑑定士　三原　一洋

行政書士　大野　徳明

やすくなります。

　特に、借地上の建物の用途が変われば、翌年以降の公租公課が大きく変わることがありますので注意が必要です。

c.　土地の価格の上昇若しくは低下

　条文中②の部分です。土地価格と地代は、よく「元本と果実の関係」に例えられます。果物に例えると、りんごの木が元手、つまり元本で、毎年なるりんごが果実です。株式投資でいえば、株式を購入した資金が元手、株式からの配当金が果実というわけです。土地価格の上昇は、元手の価値が高まることを意味します。元手である土地の価値が高まれば、果実である地代も値上がりするのが自然です。地価が上がると地代値上げが認められやすくなります。

d.　その他の経済事情の変動

　条文中③の部分です。その他の経済事情の変動について具体例を挙げると、インフレが生じた場合などです。これらの変動を客観的に示す指標として、消費者物価指数、企業物価指数、国全体の経済力の発展を示すGDP（国内総生産）などがあります。これらが上昇しているのに地代の金額が不変のままでは、地主に不利益が生じるので地代値上げが認められやすくなります。

e.　近傍類似の土地の地代等に比較して不相当

　条文中④の部分です。近隣の類似借地よりも安価な地代であれば、値上げが認められやすくなります。したがって、普段から近隣の地代情報を収集しておくことが望ましいといえます。情報収集の仕方は、後述します。「相場の調べ方」（→ p.27）参照。

f. 個別の事情

上記①～④のほかにも、当事者間の個別の事情により現行地代が不相当になった場合も値上げが認められることがあります。

例えば、もともと契約締結の経緯として借地人が地主の行う事業の使用人であったことから福利厚生の観点から生活基盤を提供するために土地を提供し安価な地代を設定していた場合で、その後事情が変わり、借地人も自らその事業を離れて独立したため、安価にする理由が薄れた場合が当たります。また親族関係があったため安価な地代を設定していたが、その後親族関係（婚姻・養子等）の解消が生じた場合も同じです。この点、借家の判例ですが、経済事情の変動はなくても親子間の恩恵的な賃貸借が売却によって解消されたことをもって新賃貸人に賃料値上げを認めた事例があります（判例タイムズ　1257 号　p.314　東京高裁平成 18 年 11 月 30 日）。

g. 公平の原則

さらに、現行地代を継続することが公平であるかについて検討を加えます。経済事情の変動があっても公平の観点から地代増減請求が認められないこともあります。例えば、公租公課の大幅な増額があっても、店舗営業用の借地で、借地上の建物の賃料が値下がりし収益が悪化している場合において、そのことだけを理由に地代の増額を請求できないとされた判例もあります（東京高裁平成 13 年 1 月 30 日）。

また、公平の観点に関しては、借地上の建物の利用目的が自己居住なのか収益獲得なのかによっても公平の見方が違うはずだと筆者は考えます。この点、実際の地代交渉の場面において当事者間でよく議論を交わすところですが、収益目的の場合は利益を稼ぐことを重視するので、家賃のうち土地に帰属する利益の一部は、地主にも適切に配分されると考えるのが自然です。文献において「営業権のばあいの賃料は、その営業権にもとづく収益を、賃貸人と分配すべき基準を発見する方向に課題がむかってゆくこ

とになるのではないだろうか。」「住宅用の借地権と営業用の借地権とで、賃料法が分化してゆく傾向がでてくるばあいには、形式的・統一的な基準だけでは解決しえなくなることも考えられる。そのときには、公平の原則に具体的・個別的な展開の余地を承認しなければならないであろう。」（篠塚昭次著、幾代通・広中俊雄編『新版 注釈民法（15）債権（6）増補版』有斐閣 2003 p.626、629）とされています。

(2) 更新料との関係

　適正地代は、一般的には、更新料の授受の有無によってその金額が違ってくるといえます。地代が安価であれば、更新料を高くとりたいと思うのが通常ですし、借地人としても更新料の支払いがあるので地代は安価だと考えるでしょう。この点、鑑定基準において実質的な賃料とは、「賃料の種類の如何を問わず賃貸人等に支払われる賃料の算定の期間に対応する適正なすべての経済的対価」（鑑定基準第7章第2節Ⅰ）とされています。要するに、実質的な賃料は地主が受けとる経済的対価の全てとされるので、更新料もその経済的対価の1つと捉えることができます。

　判例でも地代の算定にあたって、更新料を契約期間に対する賃料の前払い的性格を有するものとして考慮したものがあります（東京地裁平成30年2月26日）。

　ただし、更新料は解決金であって地代とは別問題とする立場もあります。「賃貸借契約の更新、継続を円満に行うための目的により授受される解決金」として「地代に影響すべき要素とはならない」（東京地裁平成15年6月10日）として、地代の算定にあたって更新料の影響を否定した判例があります。鑑定基準においても更新料の具体的な取扱いについては言及していないので、個別案件に即して判断されることになるでしょう。

　なお、更新料については、本書の第7章で詳しく説明します。

(3) 相当期間の経過

　地代の値上請求をする際、地代の前回変更時からどのくらい期間を経過していればよいかについて迷うことがあります。すなわち相当期間の経過の問題ですが、これについては、なんらかの急激な経済事情の変動等が生じたときは、あまり期間が経過していなくても請求することができます。この点、「経済事情などの急激な変動により地代が不相当な状態に至った場合には、たとえ前回の地代決定からそれほど期間が経過していないときでも増減請求権は発生するものと解される」（副田隆重著、稲本洋之助・澤野順彦編『コンメンタール借地借家法【第4版】』日本評論社　2019　p.88）とされています。

　ただし、実際のところ経済事情等の変動について不動産鑑定によって客観的に説明するためには、ある程度の年数を要します。不動産鑑定では、経済事情を把握する1つの方法として地価の変動を調査しますが、この場合1～2年程度の期間の経過ではその変動を把握することが難しい場合がほとんどです。したがって、特別な事情がない限り、地代変更後1～2年程度の短間隔では地代の変更を求めるのは難しいと考えます。

　1つの目安として、5年程度の期間が必要でしょう。なお、文献では増額の場合、営業用の借地権は「3年から5年」、住宅用では「5から7年」（篠塚昭次著、幾代通・広中俊雄編『新版 注釈民法（15）債権（6）増補版』有斐閣　2003　p.631）との見解が示されているものがあります。

(4) 値上げはこまめに

　不動産鑑定では、地代の値上げが認められる場合であっても、『一気に値上げ出来ない』という考え方があります。改定する地代は、あくまで今ある契約の継続を前提とし、現行地代の延長ライン上にあるからです。例えば、適正地代を求める鑑定手法の1つに差額配分法という手法がありま

す。この手法を簡単にいえば、新規地代と現行地代の賃料差額を地主と借地人で分け合うことで解消する方法です。

　ここで差額配分法を用いて、こまめに値上げした方が有利であることを説明します。**図表2**をみてください。縦軸に賃料の金額、横軸に時間の経過を示します。図表中の「新規地代」とは、地主と借地人が初めて借地契約を結ぶことを想定した地代です。ここでは新規地代の金額は、10年間変わらず横這いとします。改定時の適正地代は新規地代と現行地代の間で決まりますが、ここでは改定時の適正地代は新規地代と現行地代の中間地点で決まるとします。

図表2

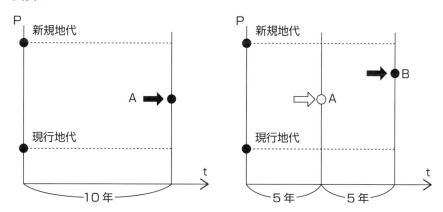

　さて、左が10年に1回だけ値上げした値です（A）。右は、同じ10年のうちに5年ごと計2回値上げした値です（B）。AとBを比較すると、こまめに値上げした方が地代が高くなることが分かります（A＜B）。

　不動産鑑定では、様々な要因が織り込まれますので、このような単純モデルにはなりませんが、現実に多くの地主の事例をみていると、こまめに値上げしている方が適正地代に近づいているなと実感することがあります。なお、差額配分法については、本書の第5章で詳しく説明します。

(5) 地代の相場

次に、地代の相場について説明します。

a. 公租公課の関係

地代の相場というと、よく公租公課の○倍くらいと言われることがあります。「公租公課」とは、固定資産税と都市計画税の合計額です。しかし、この倍率については、実はあまり当てになりません。なぜなら、地代の相場は、税制度によって変わるものではなく、土地の価値や地価推移が基礎となって決まるものだからです。公租公課は、借地上の建物の用途によって、税額の算定方法が異なります。隣接する借地であっても、その金額に差が生じることは珍しくはありません。そのため、公租公課によって判断した地代水準は、必ずしも土地の資産価値を正確に反映しているとはいえません。この方法は、地代を決めるための倍数として用いるのではなく、地代の金額の妥当性を判断する際、倍率を参考にすることで安価な地代かどうか一次的なスクリーニングとして用いるものです。

きちんと鑑定した結果、適正な地代の金額は、公租公課の4~5倍だったり、もっと高額である場合も少なくありません。一方、思っていたよりも低額だった場合もあります。

なお、公租公課の倍率を用いた方法については、本書の第5章で詳しく説明します。

b. 適正地代は隣接借地でも異なる

適正地代の金額は、隣接する借地同士であってもそれぞれ違います。地代は、借地上の建物の状況、借地人の性格や資力など様々な要因に左右されるためです。地代を見直す場合、すでに継続している契約を前提としますので、競争入札のような価格決定メカニズムが作用することはありませ

ん。当事者同士が互いに向かい合う交渉（相対）で決まることになります。契約の内容や契約締結の経緯、地代改定の経緯や時期も違います。したがって、隣接する借地同士であっても、適正地代の金額に差が生じることになります。

c. 相場の調べ方

　手っ取り早く、地代の相場を調べる方法を紹介します。借地権取引が見られる地域であれば、インターネットを利用して、近隣や周辺地域内の借地権付建物の売り事例を集めてみることです。そこには、売却希望価格だけではなく、購入の検討に必要な借地面積や地代の金額が記載されているはずです。こうした情報を定期的に地道に集めれば、誰でも一定の水準を把握することができます。

　また、同じ地域で複数の借地を持っている場合は、ご自身の借地の契約内容を整理してみるとよいでしょう。過去に改定した実績賃料の積み重ねが地域の相場を形成することもあります。また、近隣に存する他の地主との交流があれば、そこから有用な情報を得られることもあります。こうした情報は、地代の相場を把握する手がかりになり得ます。

　なお、本格的に適正地代を求める必要がある場合は、不動産鑑定を依頼することになります。不動産鑑定による方法については、本書の第5章で詳しく解説します。

3　地代と資産価値との関係

　意外と見落としがちなのが、地代と借地権及び底地の資産価値との相互関係です。「底地」とは、その底にある部分の所有権のことです。底地価格は、地代が高いほど資産価値が高まります。底地を所有する当面のメリットは、主に地代を得ることなので、地代の金額は底地価格の形成に大

きな影響を及ぼしているからです。したがって、底地としての資産価値を上げるためには、地代を上げる必要があります。

他方、借地権価格については底地と表裏一体の関係にあります。「借地権」とは、借地借家法に基づいて建物所有を目的とした借地権のことです。この価格は、借地権価格を購入する立場になると分かりやすいでしょう。一般的には、地代が安い借地権ほど魅力的ですので、安いほど当該借地権を買いたい希望者が増えるので借地権価格は高まります。すなわち、借地権価格が高まれば、底地の資産価値が低くなるという関係が成立しています。

したがって、地代値上げを検討する際は、その金額幅だけではなく、底地としての資産価値を高める効果にも目を向ける必要があります。

4 交渉術

以上、地代の知識と相場について説明しました。ここからは、いよいよ交渉に関するお話です。交渉の目的は、お互いの要求を出し合い、最終的な妥協点を探すことにあります。交渉を成功させるためには、その正しい知識を持っておくことが大切です。まずは、交渉の知識を整理した上で、地代交渉時の具体的な話法について解説します。

(1) 交渉の基礎知識

a. ゼロサム・ゲーム

ゼロサム・ゲームという言葉があります。これは、経済理論の1つで、参加者の得点と失点の総和（英語で合計のことをサムといいます）がゼロになるゲームのことです。要するに、私が勝てば（＝プラス1）、あなたが負ける（＝マイナス1）という関係です。地主と借地人の地代をめぐる交渉も同様に、「値上げする方」「される方」の対立関係にあるといえま

す。

b. 妥協点をみつける

　「交渉」というからには、こちらの主張を 100％認めさせる完全勝利だけがゴールではありません。妥協点を見つける姿勢が大切です。最終的に双方とも納得がいく答えが出れば、それも 1 つの正解です。

　妥協点をみつけることができる具体例を紹介します。**図表 3** をみてください。借地上のビルは、2 筆の敷地上にまたがって建っています。左側の敷地は地主（A とします）が借地人（B とします）に賃貸している部分、右側の敷地は B が自ら所有する宅地です。この敷地は、人通りのある広い道路と背後の狭い道路に面します。主たる道路が、広い道路か背後の道路に面するかによって、土地の評価差は 2 倍違います。A の土地は旗竿状で広い道路に約 1.8m しか接していませんし、B の所有地も間口が狭いことから、それぞれ単独の敷地では有効利用することができません。そのため、B としては、収益性の高いビルを建てるため、どうしても A の土地を借りる必要がありました。A の敷地の現行地代は 28 万円です。A は「適正賃料」は 60 万円だとし、B は 30 万円だと主張しますが、両者

図表 3

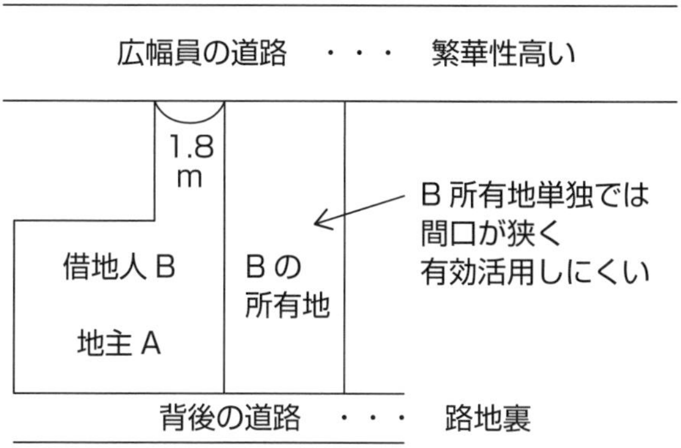

の金額の開きには理由があります。Aは広い道路を、Bは狭い道路を基準として地代を評価した結果です。

　そこで不動産鑑定士が検討したところ、本件では「どちらの答えも一理あり」と判定しました。結局、折衷案として45万円を合意ラインとして示した事例です。

　この事例は少し極端ですが、答えは必ずしも1つではないことを示すものです。

c. Win-Winの関係に持ち込む

　交渉をうまく運ぶためには、できるだけ、Win-Winの関係を築きたいものです。Win-Winの関係とは、お互いのメリットを見つけることをいいます。

　ここで参考までに立場を変えて値上げされる気持ちになってみましょう。例えば、あなたが駐車場を持っているとします。ある日突然、市役所から「来月から年間12万円だった固定資産税を2倍の24万円に値上げします」という通知がきました。このままでは、単なるゼロサム・ゲームで、地主の負けのように思われます。ところが、その際、市役所の職員から「将来、その前面道路が拡幅し、利便性が上がります。ゆくゆくは、収入が増えたり、更地としての価値が上がることが期待されます」と言われると、こちらも多少は納得できるのではないでしょうか。説明次第で途端にWin-Winの気持ちになることがあります。

　地主と借地人の関係にも同じことがいえます。実際の地代交渉では、借地人に対して、このような積極的なメリットを提示できないことの方が多いと思われますが、交渉を進めるには、借地人にも何かしらのメリットを認識させる必要があります。

　借地人のメリットは、地主との良好な関係を維持することです。たしかに、借地人としては現行地代を支払っておけば問題がないはずですが、長

い目でみた場合、借地権の処分など何をするにしても、基本的には、地主の承諾が必要になる場面が多いので、良好な関係を維持することは借地人のメリットになります。

(2) ありがちな交渉

　問答無用で借地人に変更後の地代金額を突きつけるスタイルをとっているケースがありますが、失敗しがちな典型例の１つです。「○月分から地代を増額します。」という書面を一方的に送りつける方法です。借地人にも言い分があるところ、最初から強硬な態度をとっていることがあります。このような進め方をしてしまうと、借地人としても、突然訪れた地主の一方的な要求に身構えてしまいます。借地人としても今の条件に固執して、何かしら理由を挙げて反発してくるでしょう。仮に借地人の方が折れて合意ができたとしても、恨みを持たれてしまうこともあります。

　このような方法は、むしろ交渉に長けたプロである不動産業者や弁護士の熟練されたテクニックといえます。

　中にはまったく話が通じない借地人もいるので、そういう場合は論外ですが、あくまで地主が任意に交渉するのであれば、できるだけ話し合う姿勢を見せることです。

(3) 地代交渉の基本

　地代交渉にあたっては、次の３つのポイントが重要になります。

a. 「適正賃料基準」

　交渉方法にはいろいろあり、例えば、高い金額をふっかけて、そこから落としどころを探していく方法などもあります。ただ、やり方次第では、かえって相手に不信感を与えてしまい、逆効果になることがあります。相手も同じ行動をとるかもしれません。

そこで基本的には、「適正賃料基準」を通すことをおすすめします。ただし、地主視点の客観的な基準のみを押し付けないよう留意ください。「適正賃料基準」には、不動産鑑定士など第三者の意見を採用しますが、それだけを唯一の根拠に、最初から Yes か No の選択を迫らないことがポイントです。先に紹介した具体例のように、答えは必ずしも 1 つとは限りません。

b. 感情的にならない

次に、感情的にならないように注意することです。これが一番苦労されると思われます。確かに普段の借地人の態度は、時として地主に対して恩も感謝もないと感じる場合もあるでしょう。「あなたの生活の基盤は私の土地を使えているからでしょ」という気持ちも分からなくはありません。しかし、この言葉は、プロの不動産業者や弁護士が状況に応じて、テクニカルに使う場合は効果的ですが、自分から言うと全くの逆効果です。売り言葉に買い言葉となり、借地人は法律を笠に着て反撃してくるでしょう。お互い感情的になっても交渉は決裂するだけです。

c. 相手の話を聞く姿勢

最後に、借地人の話をよく聞くことです。意識的に、「でも」や「しかし」の逆説の接続詞を控えるように注意してください。発言のすべてに「でも」や「しかし」で返すと、相手方は感情的になりやすいものです。そして会話の中から相手の「客観的な基準」を引き出すことです。相手も何かしら「客観的な基準」があるはずです。その基準が明らかに不適切だと思えても、最初から頭ごなしに否定しないことがポイントです。あくまでも話合いを進める姿勢を保つことです。時には、頭にくることがあるかもしれませんが、なじり合いがはじまると、交渉になりません。しっかりと相手の話に耳を傾けつつ、あくまで「適正賃料基準」の姿勢を保ち続け

ることです。

（4）具体的な話法

　ケーススタディでは、話合いがうまく進み交渉が成立しています。これ
は、日頃からコミュニケーションがとれていたことも大きいですが、何よ
りも、お互いの言葉に耳を傾けることが大切であることを示しています。
実際の交渉では、必ずしもケーススタディのようにうまくいくとは限りま
せんが、参考になる部分も多かったのではないでしょうか。ここからは、
交渉に役立つ具体的な話法を示し、それを解説する形をとっています。

　なお、交渉術が学べる本として、ハーバード・ロー・スクールのロ
ジャー・フィッシャー教授とウィリアム・ユーリー教授によって著され
た、いわゆる『ハーバード流交渉術』があります。ほかにも、スティーブ
ン・R・コヴィー著『7つの習慣』も有名です。以下では、こうした優れ
た交渉術を参考にしつつ、筆者の視点で実践的な話法について提案しま
す。

（参考文献）
- ・ロジャー・フィッシャー／ウィリアム・ユーリー著、岩瀬大輔訳『ハーバード流
  交渉術 必ず「望む結果」を引き出せる！』三笠書房　2011
- ・スティーブン・R・コヴィー著、フランクリン・コヴィー・ジャパン訳『完訳7
  つの習慣（普及版)』キングベアー出版　2020

a. 挨拶

> **地主** これまでのお付合いに感謝しています。Ｓさんは長年地代の支払いが遅れることもありません。こちらとしても安心しています。

まずは挨拶です。通常、ビジネスでは、「いつもお世話になっております」という挨拶から切り出します。中には部下や後輩から挨拶するのが常識だと思われている上司もいますが、上司から挨拶をする方がコミュニケーションはうまくいくものです。「挨拶は上から下から心から」。私が新人の頃に教えてもらった言葉です。

地代の交渉でも同じことがいえます。地主から挨拶する方が良好な関係を作りやすいものです。最初に借地人への感謝の気持ちを伝えることです。地代の支払いは当たり前のことですが、中には契約解除まで至らない程度に度々遅延する人もいます。

「ありがとう」という感謝の言葉は、きっと相手にも伝染します。先に感謝の気持ちを示せば、相手も「地主のおかげで生活の基盤となっている」という気持ちが芽生えるものです。

b. ポジションの確認

> **地主** さっそくですが、今日はお願い事でなく、話合いをしたいと思っています。

話合いでは、一方的にお願いする立場にならないよう気を付ける必要があります。お願いではなく、あくまで話合いという立場を宣言してしまうことです。いったんお願いする側とお願いされる側のパワーバランスができてしまうと、後からひっくり返すことは困難です。ポジショニングを誤

ると、たいていの交渉はうまくいきません。値上げの場面では、借地人に良好な関係を維持するメリットを感じさせる必要があります。また、借地人の方も地主に何かお願いしたいことがある場合もあります。

c. 聞く姿勢

> **地主** Sさん、私の発言がおかしかったら遠慮なく言ってください。このあたりの地価はずいぶんと上がりました。地価の上昇は、Sさんの資産価値も上昇したということです。ところが、地代の金額は変わっていません。不動産鑑定士の意見では、「適正賃料」は31,000円との結果です。Sさんは、どう思われますか?

　こちらが絶対正しいという話し方にならないように意識します。時には、こちらが誤っていることもありますので、あらかじめ、相手にも意見を出してほしいと伝えることによって、相手も話合いに参加できるよう配慮しています。これがもし地主の基準が唯一絶対だという話し方で進めると、相手はYESかNOの2つの選択肢しかありません。そもそも話合いの場にはならなくなるでしょう。

d. 「適正賃料基準」

> **地主** 私としては、今の地代が低すぎではないかを確認したいのです。これまでの借地期間を考慮して「適正賃料」であれば今の地代で納得します。

　「適正賃料基準」の表明です。こうすることで、相手も今の地代が正しい金額と思うのであれば、その根拠を示す道が開かれます。こちらの目的

は「適正賃料」にすることであり、納得したいという本音を伝えているのです。したがって、相手も「適正賃料基準」で話を進める以外の方法をとりにくくなります。

e. 基準にこだわる

> **借地人** 私も調べたところ、判例では固定資産税の2倍というのもあるそうです。インターネットで調べても2.5倍でもおかしくないとありました。私が思うには今の地代でも十分妥当ですよ。
>
> **地主** （反論したい気持ちを押さえて）おっしゃることは分かります。その根拠の部分について少し詳しく教えてください。その事例は、どのような事情があったものですか？地代は、その契約ごとに違うそうです。私たちの土地についての事情を踏まえる必要があるとは思いませんか？

　相手としてはどうにかして自分に有利な基準を持ち出そうとするはずです。それは誰しも当たり前のことでしょう。つい「でも」や「しかし」と直ぐに切り返したくなるものですが、ぐっと我慢することです。ここでは意識して相手の意見に対して、質問形式をとっています。質問形式をとることで、相手をまだ交渉のテーブルにつなぎとめています。

f. 理解を示す

> **地主** なるほどSさんとしては、バックグラウンドが違うかもしれない事例とインターネットで調べた情報が根拠ですね。

　相手の意見をまとめて、こちらの理解が正しいかどうかを確認していま

す。このとき、相手の意見を、小馬鹿にしたり皮肉な口調でまとめること
がないように注意してください。あくまで冷静に肯定的にまとめることで
す。この対応を誤ると、初めから結論ありきではないかという印象を与え
てしまいます。

g. 検討の時間を与える

> **地主**　Ｓさんの考えが理解できたように思います。私も再度考えてみ
> ますので、1週間後の土曜日、改めてお話できますか。

　誰でもすぐに答えは出せないものです。時間をおいて相手にも検討する
時間を与える必要があります。時には話合いの中で相手の理に気付くこと
もあるでしょう。今日の話を持ち帰って、いったん冷静になることです。

h. 結論の提示

> **地主**　先日話し合った内容を踏まえ、「適正評価」の1つとして、こ
> ちらの金額を希望します。これが私の結論です。

　相手の話にも耳を傾けて、検討の時間もおいた上で、あくまでも選択肢
の1つとして、しっかりと最終的な意思表示をしています。

i. まとめ
　以上、話法について解説しました。このように交渉を進めることができ
れば理想的でしょう。しかし、どれだけこちらが歩み寄る姿勢を見せて
も、借地人の中には強弁な態度を取るタイプもいるので任意交渉にならな
いこともあります。そうなれば、残念ながら裁判所に解決を求めることに

なります。裁判所の手続については、本書の第2章と4章で説明します。

5 供託制度

　賃料についての任意交渉がうまく進まず、交渉が停滞する場合、借地人が地代を供託してくることがあります。供託は借地人が行うものですが、地主としても、供託の制度を知らなければ対応に戸惑うこともあるでしょうから、ここで供託制度について説明します。

(1) 供託の意義

　「供託」とは、ごく簡単に言えば、法律の規定に基づいて、金銭、有価証券、商品その他のものを、国家機関である供託所に預けることをいいます。一口に「供託」と言っても様々なものがありますが、ここで問題となるのは「弁済供託」というものです。

　「弁済」とは、賃料の支払いなどの債務の履行をすることで、債務を消滅させることです。例えば、借地人が賃料を支払おうとしても、地主がそれを受領しないような場合、それが受領遅滞として未払賃料について遅延利息が生じないとしても、受領遅滞かどうかが争われることもありますし、利息の発生の可能性などを考慮すると、やはり債務を消滅させておいた方が安心できます。そこで「弁済供託」という制度が設けられています。

　なお、地代を供託する場合、借地人が「供託者」、地主が「被供託者」となります。

(2) 弁済供託の要件

　民法494条には、弁済提供が可能となる場合として、次の3つが定められています。

① 債務者が弁済の提供をしたが、債権者がその弁済の受領を拒んだとき

② 債権者が弁済を受領することができないとき

③ 弁済者が債権者を確知することができないとき

　借地関係を前提とすれば、ここで問題となる債権は賃料債権ですから、上記の債権者は地主、弁済者は借地人ということになります。

　まずは①についてですが、弁済の提供とは、実際に賃料として支払うべき現金を用意して、現金を指定の口座に振り込む旨を通知したり、地主のもとに持参したりすることです。その上で、地主が受取りを拒んだときは、①に該当します。②は、受領すべき地主が不在である等、地主が賃料を受け取れない状態にある場合です。そして、③は、地主に相続が発生し、借地を誰が相続したのか分からないような場合が、それに当たります。

　地主が地代の増額を請求し、従来の地代額では受領を拒否している場合は、上記の①に該当します。

(3) 供託の手続

a. 供託所

　賃料の弁済供託は、債務の履行地の供託所にします（民法495条）。

　「債務の履行地」とは、賃料を支払うべき場所のことです。それは契約で定められた場所ということになります。ただ、契約上、支払場所の定めがなく、支払方法が銀行等の金融機関への振込みと定められている場合も多いです。そのような場合、地主は支払われた賃料を最寄りの金融機関で引き出すことになるでしょう。また、民法484条1項では、当事者間に合意がないときは、債権者の住所地が履行地であるとされています。これらのことから、地主の住所地を管轄する供託所ということになります。

　「供託所」は、法務局、地方法務局及びこれらの支局となります。各都

道府県に地方法務局があり（北海道は4つの地方法務局があります）、借地人は履行地を管轄する供託所に供託すべきことになります。供託所の管轄については、法務省のウェブサイトに一覧表があります。

b. 供託の手続

　供託の申請自体には手数料は不要です。そして、現金を供託所に持参して行います。他にインターネットバンキングを利用した電子納付や振込みも可能です。供託する際には、供託申請書に供託者の氏名・住所などを記入して、供託書を提出しなければなりません。供託したならば、供託通知書の発送が求められています（民法494条2項）。供託者は供託所にその送付をしてもらうことができます。

　地代・家賃の弁済供託のように継続的な供託をする場合には、供託書を提出する際に、併せて「供託カード」の交付の申出をすることができます。次回以降の申請の際に、交付された供託カードを持参すれば、住所・氏名などの供託書への記載を一部省略することができます。

　なお、直接供託所に赴くことなく行う、ネットを利用したオンライン申請も可能です。

c. 供託後の権利関係

　供託した後の供託者と被供託者の権利関係にも一言しておきましょう。

　供託した後、被供託者は「還付請求権」を、供託者は「取戻請求権」を取得します。被供託者、すなわち賃料の供託でいえば地主は、供託を受諾して、供託金を供託所から受け取ることができます。これが、被供託者の「還付請求権」です。一方、供託者は、被供託者が供託を受諾するまで、または、供託を有効と宣告した判決が確定するまでは、供託金を取り戻すができ、これを「取戻請求権」といいます。供託者が供託金を取り戻せば、供託はされなかったことになります。

なお「払渡請求権」という言葉もありますが、これは、「還付請求権」と「取戻請求権」の両方を含む概念です。

d. 還付請求

被供託者（地主）が供託金の還付を受ける際には、供託所に提出する払渡請求書に実印を押し、作成後３ヶ月以内の印鑑証明書を添付する必要があります。

ただし、氏名、住所及び生年月日の記載があり、本人の写真が貼付された、運転免許証、個人番号カード、その他の官庁又は公署から交付を受けた書類等を提示し、かつ、その写しを添付するときは、印鑑証明書は不要です。この場合は実印を必要としませんが、払渡請求書に押印は必要です。

ちなみに代理人が払渡請求をする場合、払渡請求書へ押印するのは代理人で、被供託者本人の印鑑は委任状に押すことになります。

前項で、被供託者（地主）が供託を受諾するまで、供託者（借地人）は供託金を取り戻すことができると説明しましたが、還付請求すれば、それ自体が受諾となります。還付請求することなく供託者の取戻請求権を封じておきたい場合には、受諾の意思表示を、供託所又は債務者に対してする必要があります。供託所に対して受諾の意思表示をするときは、「供託を受諾する」旨を記載した書面を提出しなければなりません。

第2章
地代の滞納

　第2章では、地代や借地契約に関して、主に法律的な視点から説明します。併せて、裁判手続の概要についても説明しています。第1章では、地代の相場や地代交渉の基本的事項について説明しましたが、地代の改定・変更に関しては、どうしても法的な問題がつきまとうからです。

■重い足取り

　息が白い。2月上旬の朝8時50分。不動産鑑定士の黒田は、JR錦糸町の駅を降りてスカイツリーに向かって歩いていた。これから始まる土地の明渡しに立ち会うためである。

　地代滞納により地主から土地の賃貸借契約を解除され、建物収去土地明渡しの判決が確定した。土地を明け渡してもらうには、借地上に建てられた被告・借地人が所有する建物を収去、すなわち取り壊さなければならない。それには、まず建物の所有者である借地人に建物を明け渡してもらわねばならない。今日は、その執行の日だった。執行は裁判所の執行官が行うが、地主の弁護士に頼まれて黒田も執行に立ち会うために現地に向かっていたのである。

　しかし、黒田の足取りは重かった。建物収去明渡しの執行に嫌な思

い出があったからだ。

　20年近く昔、黒田が不動産鑑定士試験に合格し、不動産鑑定士事務所に職を得てまもなくのことだった。他の案件とともに地代滞納の相談が事務所に持ち込まれた。その案件は、今回の事件とほぼ同じ経緯をたどり、建物収去土地明渡しの執行の日を迎えた。それも、今日と同じ2月、寒さの厳しい日のことで、そのときも、弁護士に頼まれた先輩の鑑定士に連れられて執行現場に行ったのだ。

　執行官らが明け渡してもらう家の呼び鈴を押しても返事がなかった。予め呼んでおいた業者に鍵を開けてもらい、執行官や弁護士らとともに先輩の不動産鑑定士に伴われ、黒田も家の中に入った。

　借地人の名を呼んだが、返事はなかった。その日に強制執行に来ることは予め知らせておいたので、どこかへ行ってしまったのかとも思われた。そこに異臭が漂っていた。男性の1人暮らしだから不衛生なのだろう。そんなことを考えていると突然、「あっ」と、一緒に家に入った弁護士が大声を上げた。執行官と黒田らが声のした方へ行くと、そこは風呂場だった。風呂桶の中に人がいた。いや、既に人ではなかった。顔まで水に浸かった遺体だった。

　遺体の第一発見者の1人として、初めて警察で事情聴取を受けた。その際、黒田は、警察官から「自殺は考えられないか」と訊ねられた。地代を払うお金もなかったようなので、そういう可能性も考えられると言うのだ。亡くなった借地人とは、電話で何度か話したが、そういうことは感じなかったと答えた。最終的には、入浴中に心臓麻痺を起こしたものと、事故として処理された。しかし、警察官や関係者の間では、自殺の可能性がまことしやかに囁かれた。生活の基盤ともいうべき地代の支払いもできなくなって、ついには建物収去土地明渡しである。世を儚むのには十分な事情にも思える。

「まさかなぁ…」黒田は、気になって仕方なかった。現場への足取りが重い。

　遺体の第一発見者になるなんて、そうそうあるものではない。客観的に考えてみてもそうだ。そんなことを自分に言い聞かせつつも、やはり不安がよぎる。それには十分な理由があったからだ。昔は、あんな事になるなんて誰もが予想だにしなかった。しかし、今回は、少し事情が違っていたのだ。

■地代滞納の相談

　今回の事案の依頼主である芝崎由里子が黒田の事務所を訪ねてきたのは、約8ヶ月前、昨年の6月のことであった。芝崎は年の頃は40代であろうか。身なりも上品な印象の婦人である。母方の祖父がかなりの地主で、彼女は祖父から若干の土地を代襲相続（→ p.52 ※）したそうである。その1つ、墨田区内にある51㎡の土地は、祖父の代から借地となっていた。今年の春まで地代は滞りなく支払われていたのだが、3ヶ月前からその支払いがなくなったというのである。

　彼女が、借地人に電話をすると、男性が出た。

「はい、木村です。母は先月亡くなりました。はい。母の相続人は私しかいませんので、地代は私、木村務が払います」そう答えると、電話は切られてしまった。

　しかし、それから半月程経つが未だに支払いはないという。そこで、芝崎は、祖父の相続の際に世話になった黒田のところへ相談に来たというのである。

　黒田のアドバイスに従い、芝崎は、まず、内容証明郵便で地代の支払いを督促し、支払いがない場合には借地契約を債務不履行で解除する旨を伝えた。しかし、それでも支払いがなかった。黒田は、芝崎から借地人である木村に直接会って、詳しい事情を聴いた上で、支払い

を確約する書面に判を捺してもらってきて欲しいと頼まれた。黒田は、そのすがるような表情に気圧_{けお}されるように依頼を受け、借地人である木村の住む墨田区の家へ出かけた。

■借地人

　電話にも出ないため、黒田は、土曜日の午後を選んで訪ねた。玄関の呼び鈴を押すと、うっすらと無精髭を生やした男性が出てきた。来訪の意図を伝えると、「そうですか。どうぞ」とぶっきらぼうな態度で、中へ通された。

　玄関を入ってすぐのキッチンテーブルに座るよう促された。木村は、億劫そうに、洗い物が溜まっているシンクから茶碗を探し当てると、それを洗って、ティーバックでお茶を煎れてくれた。

「どうぞ」

「お母様は亡くなられたそうで…」奥にある居間には、仏壇が見えた。

「ええ。これで、私は天涯孤独です」

「あの、ご結婚はされてないのですか」

「はあ」木村は、ため息のような声をだした。

「いえ、差し出がましいことを」既に40歳は過ぎているであろうと思われる木村の様子から、つい訊ねてしまったことを、黒田は少し後悔した。

「いいんですよ。離婚しました。娘がいましたが、向こうに行きました。というか、僕が出てきたんですけどね」自嘲気味な薄笑いを浮かべた。

「そうですか…」黒田は話を切り出し辛くなった。

「地代の件でしたよね」木村の方が話を切り出してくれた。

「ええ」

「支払わないとどうなるんですか？」

「それは、先日送らせていただいた内容証明にもありましたように、芝崎さまは、地代をお支払いいただけない場合、土地の賃貸借契約を解除して、この土地を明け渡していただきたいという意向です」

「子供の頃からここに住んでいたんですよ。そんな私が追い出されるわけですか」

「ですから、地代を支払ってさえいただければ、そうはなりませんから」

「といっても、この家だけが残ってもねぇ…」木村は、目頭を押さえながらうつむいた。

「あの…」（泣いているのか）黒田は、目頭を押さえてる木村を見つめ、少しうろたえた。

　しばらくすると、木村が小さな声で話し始めた。

「真面目に仕事をしてたんですよ。真面目に。システムエンジニアとして、それなりに仕事は出来た方です。収入だって、一時は1,000万円を超えたこともありました。妻も喜んでましたよ。でもね、そんな納期では無理だと言ったのに、仕事を押しつけられて、挙げ句に不具合は全部私の責任。やってられませんよ」

「今、お仕事は？」黒田が訊ねた。

「やめましたよ。バカバカしい。そうしたら、妻の態度が変わりましたよ。どうせ稼ぎの良さそうな男と思って結婚したんでしょ、あいつは。娘だって、そうだ。そりゃ、忙しくて、あまり構ってやれなかった。でも、旅行だって連れて行ったじゃないか。あんなに喜んでいたのに。口もきいてくれなくなった。会社だけでなく、自分の家も居づらくなるとはね！」

　木村の声に、黒田は少したじろいだ。

「離婚届に判を捺して、家を出ましたよ。慰謝料代わりに、私の貯金

通帳と銀行印も置いて」

「そうでしたか…。立ち入ったことをお訊きして、申し訳ありません」黒田は頭を下げた。ふと、テーブルに雑然と積まれた新聞紙や雑誌の上に中学生くらいの髪の長い女の子の写真が目に入った。

「いいんですよ」木村は、うっすらとほほえみを浮かべて、続けた。

「せっかくですから、もう少し話を聞いてくれませんか。貴方も、地主さんの代わりに来られたのだから、私の様子とかも報告しなくちゃならないんでしょ？」

「ええ、まあ」黒田は、地代を払う気があるのか無いのかと、木村を問い詰める気にはなれなかった。

「妻、いや、前妻と娘が住む高円寺のマンションを出て…、まあ、そこも賃貸でしたけどね。この家、母が住むこの家に戻ってきたんです。

　私が中学生の頃に父が事故で亡くなりましてね。母は、近所の食堂で働いて、私を育ててくれました。そんな気丈な母を見て、一生懸命勉強しましたよ。

　でもね、私がこの家に帰ってきて１年もしないうちに母が身体を壊しましてね。癌でした。それもかなり進行していたんです。私は、ありとあらゆる治療をしようと奔走しましたよ。出来ることは全部やったと思います。でも、ダメでした…」木村は、肩をふるわせて嗚咽を漏らした。

「もう、どうでもいいんですよ。誰もいないし。今さら、この家に１人で住んでいたって…」ついに、泣き出し、木村はそう呟いた。

「あの…、そう仰らず…」黒田はますますうろたえた。鑑定士本来の業務ではないとはいえ、引き受けた以上、仕事は仕事である。地主の意向、用意した債務承認書と支払いを約束する覚書には署名・押印して欲しい旨は伝えなければならない。拒否されたなら、それはそれで

仕方がない。とにかく、その話を切り出さなくてはならない。

　黒田は、おそるおそるであるが、それらの書面を出して、地主からの要望で、これらの書面に署名と押印をして欲しい旨と、地代を支払っていただけない場合には裁判で…というのが地主の意向だと説明をした。黙って聞いていた木村はあっさりと了承した。
「この家だけが残ってもな…。家だけが…」そう言いながら、債務承認書と覚書に署名し、印鑑を押した。

　しかし、結局、木村から地代が支払われることはなく、地主は、木村に賃貸借契約を解除する旨の内容証明郵便を出すと、弁護士に依頼し建物収去土地明渡しの訴えを提起した。被告となった木村は出廷することなく、訴えを提起してから概ね2ヶ月ほど経過した後、裁判は原告勝訴となって、建物収去土地明渡しの判決が確定した。判決が確定すれば、被告側が自ら明け渡すことも珍しくない。しかし、どうやらその様子はなく、地主は、債務承認書と地代の支払いを約束した覚書に署名・押印したにもかかわらず地代を支払わないのだから…と、強制執行を申し立てた。

　そして、強制執行の日を迎え、こうして黒田は、木村の自宅へと再び足を運んでいたのだ。

　木村の絞り出すような「どうでもいいんですよ」という言葉と、文字どおりの虚無を感じさせながら呟いた「この家だけが残ってもね」という言葉が頭をめぐっていた。黒田は、また昔のようなことが…と、外気の寒さだけでなく、身の内側から来る寒気を感じながら歩いた。

■建物の明渡し

　現地に到着すると、既に地主の弁護士が来ていた。挨拶を交わして

いると、執行官もやって来た。そして、玄関の呼び鈴を押した。2
度、3度。しかし、応答はなかった。

　あの時と同じだ。黒田は、ゾッとした。

「鍵の業者さんは、まだ来られていないのですか」執行官が弁護士に
尋ねた。

「さっき電話しましたら、もうすぐ着くと言ってました」弁護士は答
えた。

　3人が周囲を見廻すと、少し離れたところで、赤いコートを着た若
い女性がこちらを見つめていた。3人は、その女性の近くにいくと訊
ねた。

「鍵の…方ですか？」

「えっ…？いえ、私は…」その女性は、少し驚いていた。

「鍵の業者さんでは？」

「違います」そう言いながら、その女性は、玄関に向かって足早に歩
いて行った。そして、呼び鈴を押しながら、玄関のドアに向かい大き
な声で言った。

「お父さん、お父さん！」

　すると、家のドアが開き、木村が顔を出した。

　黒田は、ホッと胸をなでおろした。

　玄関先で2人はしばらく話し合っていた。少し離れたところにいた
黒田にも、木村の嬉しそうな様子がうかがえた。

　結局、その日の明渡しはあっさりと終わった。木村は、「ご面倒を
お掛けしました」と頭を下げると、娘さんと一緒に立ち去っていっ
た。

　赤いコートの若い女性は、借地人木村の娘さんだった。彼女が言う
には、母親は離婚届に判を捺していないという。娘さんは、祖母の葬

式の時の父の落胆振りが気になって仕方なかったようだ。そんな折りに、あの家を出て行くことになったと手紙を貰ったという。出て行く日が書いてあったので、朝早く、こうして父の実家に来てみたというのだ。

　娘さんは、滞納した額を訊ね、「近いうちにきっと払います」と言っていた。木村は、そんな娘の様子を目を細めて見つめていた。

　債務承認書と覚書に署名しているときの顔とは全く違うその表情に、黒田も少し嬉しくなった。

※代襲相続
　　通常は親→子→孫と相続されるが、子が親よりも先に亡くなっている場合、親の遺産を孫が直接相続する場合等をいう。民法 887 条 2 項及び同法 889 条 2 項に定められている。

1　地代滞納と借地契約

(1) 地代と賃料

　まずは、基本的な言葉の確認から入りましょう。専門家に相談するにあたっても、専門用語の意味が分かると専門家の説明がより早く正確に理解できます。

　第1章でも触れましたが土地賃借権の「賃料」を「地代」と呼びます。本書でも多くの場合、そう呼んでいます。ですが、それはあくまでも俗称です。

　土地の利用権として「地上権」という権利があります。建物所有のための利用権として現在ではあまり一般的ではないため、本書ではほとんど扱っていませんが、この地上権の対価として、民法は「地代」という用語を使っています。他方で、賃借権の対価には「賃料」の語を用いており、民法は「地代」と「賃料」を明確に区別しています。

　とはいえ、借地借家法では、土地賃借権の賃料をも含んだ意味で「地代等」という言い方をしています。そのため専門家からも日常的には、土地賃借権の賃料も「地代」と呼ばれています。ですから、「地代」と「賃料」の区別は、裁判や登記の場面で裁判官や弁護士、司法書士らの専門家が場面に応じて気を付ければよいだけで、通常は土地賃借権の対価を「地代」と呼んでも特に問題はありません。

(2) 借地と賃貸借契約

　本章のケーススタディ「自暴自棄な借地人」では、借地人が借地契約（土地の賃貸借契約）を解除されています。そこでまず、民法上の賃貸借契約について基本的なことを説明します。土地の管理を不動産業者等に委

せている場合であっても、借地契約の当事者は、できればその基本事項を知っておくべきです。

　賃貸借とは、民法601条で、当事者の一方（貸主）がある物の使用及び収益を相手方（借主）にさせることを約し、相手方がこれに対してその賃料を支払うこと及び引渡しを受けた物を契約が終了したときに返還することを約することで、その効力が生ずると定められています。ごく簡単に言えば、貸主が物を貸し、借主がその対価として賃料を払い、契約が終了したら借りた物を返還する契約が、賃貸借契約ということです。そして、借主の権利を「賃借権」といいます。

　賃貸借の目的物について民法では単に「物」とだけ定められていますが、「借地」は、賃貸借の目的物が「土地」ということです。そして、土地の賃借権のうち、建物の所有を目的とするものについては、借地借家法が適用されます。とはいえ、借地借家法が適用される土地の賃借権であっても、借地借家法に規定がないことについては民法が適用されますので、地代の滞納については、まず民法が適用されることになります。この民法と借地借家法の適用関係については、「一般法と特別法」の関係として、第3章で説明します（→ p.66）。

　なお、借地借家法でいう「借地」には、土地の賃借権と地上権が含まれますが、本書では、借地契約というときは、土地の賃貸借契約を前提としています。たとえ借地権が地上権であっても、地代の滞納については、賃借権の議論がほぼそのまま当てはまります。

（3）地代滞納は債務不履行

　土地の賃貸借は、貸主が自分の土地を借主に利用させ、その対価として借主が貸主に賃料を支払うという約束です。ある人が何かをしたり、何かをしなかったりする法律上の義務を「債務」と言いますが、賃貸借では、貸主は貸す債務を、借主は賃料債務をそれぞれ負うわけです。この貸す債

務と賃料債務は対価関係にあります。このように対価関係にある契約を「双務契約」と呼びます。賃貸借契約や売買契約は、双務契約の典型の1つです。

　なお、債務の反対に、ある人がある人に対し何かをすること、しないことを請求できる法律上の権利を「債権」といいます。地主の賃料を受け取る権利は、賃料債権と呼ばれます。

　既に借主が目的の土地を利用していれば、貸主はその義務を果たしたこと、つまり債務を履行したことになります。となれば、借主は、契約で定めた時期に賃料を支払わねばなりません。借主が賃料を支払わなければ、それは賃料債務の不履行、つまり「債務不履行」となるのです。

2 地代滞納による契約解除

(1) 債務不履行による契約解除

　地代滞納は債務不履行にあたり、債務不履行には、損害賠償や契約解除といった法的効果が生じます。解除は、双務契約に認められます。相手が債務を履行しないならば、こちらの債務も免れさせる必要があるからです。そして、土地の貸主（地主）としては通常、賃料を支払ってくれない者に土地を貸したくはありませんから、まずは契約解除を求めることになるでしょう。

(2) 解除の要件

　契約解除については民法541条で「当事者の一方がその債務を履行しない場合において、相手方が相当の期間を定めてその履行の催告をし、その期間内に履行がないときは、相手方は、契約を解除することができる」と定められています。賃料不払いによって土地の賃貸借契約を解除した場

合、「当事者の一方」が地主（貸主）であり、「相手方」が借地人（借主）ということになります。

　地代の滞納によって解除をするにあたっては、解除の意思表示をする前に「相当の期間」を定めて「催告」をしなければなりません。要は、いついつまでに支払わないと賃貸借契約を解除しますよ、といういわば最後通牒を相手方に伝えなければならないのです。ケーススタディでも、地主は、相談に行った直後に内容証明郵便を使って、この催告をしています。

　本来、賃料は契約で定められた期限、例えば月末などに支払うべきものですので、催告する際の「相当の期間」は通常、2週間程度もあればよいと思われます。

　なお、不動産の賃貸借契約では、賃料を2ヶ月滞納すれば無催告解除ができる旨の、いわゆる「失権約款」が定められている場合がありますが、その法的な有効性はほぼなく、次で説明する信頼関係破壊の法理により、解除の可否の判断がなされます。

(3) 信頼関係破壊の法理

　売買のように物を引き渡してその対価を支払うという1回で終わる債権債務関係とは違い、賃貸借契約は、貸主、借主共に一定の期間継続することを期待している契約関係ですので、たった1回だけの債務不履行ですぐに解除ということにはなりません。特に不動産の賃貸借契約では、解除されると借主が生活の基盤を失いかねません。そういった立場にある借主を、法は一定程度保護しようというのです。

　判例（→ p.57 ※）は、単に形式的に債務不履行があっただけではなく、賃貸借契約における両当事者間の信頼関係が破壊されたような場合でなければ解除できないとしています。

　ただ、この信頼関係破壊の法理は、地代の滞納については基本的に解除を制約する方向で働きます。しかし逆に、借主が貸主を恫喝するような行

為を繰り返すような場合には、たとえ賃料は支払っていても、信頼関係が破壊されたとして契約の解除が認められることにもなります。

　では、地代の滞納において、どのような場合に信頼関係の破壊が認められるかが気になるところです。ただ、この点は、借地人が未払いに至った事情や、断続的に賃料不払いが生じた場合など、さまざまな個別具体的な事情によって結論が異なってきますので、何回不払いがあればとは一概にはいえません。借家契約ですと、３ヶ月程度の不払いで信頼関係の破壊が認められる場合もありますが、借地の場合は借家よりも長期間継続するのが通常ですから、３ヶ月では信頼関係の破壊は認められにくいといえます。借地について敢えて基準を示すとするならば、６ヶ月以上の未払いということになるでしょう。

　ケーススタディでは、地主が相談に来るまでに３ヶ月以上の未払いがあった上、催告しても支払わず、さらに借地人が地代の支払いを約束した覚書を交わしたにもかかわらず、なお未払いを継続したということで、地主は訴訟に踏み切っています。そして、裁判では信頼関係が破壊されたと判断され、賃貸借契約解除が認められ、建物収去明渡しの判決となりました。判決が出るまでには概ね６ヶ月程度の不払いがあったことが分かりますが、本件では覚書を交わしたにもかかわらず支払いを怠ったということ等も信頼関係破壊の要因の１つと考えられます。

　なお、前項で失権約款との関係で無催告解除について少し触れましたが、借家契約では、貸室や建物の使用方法があまりに酷いような場合、無催告解除が認められることがあり得ますが、借地契約の場合には、用法違反での無催告解除は認められ難いといえます。

※判例
　裁判所が具体的事件において判決で示した法律的判断のことであり、過去の判決の内容が先例となって、同種の事件には同様の判断がなされるようになります。こ

れが判例です。最高裁判所の判決は、判例として特に重要です。

3 裁判手続

(1) 訴訟を決意したら

　本章のケーススタディでは、地主は訴訟を提起しました。地代の滞納が
あった場合に限らず、賃貸借契約においては、他人に土地や建物を貸して
いる以上、いつかは返してもらうことになります。話合いだけで借地人に
立ち退いてもらえない場合には、訴訟を提起することになります。そこ
で、一般的な訴訟手続の流れをごく大まかに説明します。

　訴訟手続となれば、ほとんどの場合、弁護士に事件を依頼することにな
ります。弁護士が、依頼人の代理人となって法廷で弁論を行います。「弁
論」とは、法廷などで事実や法律上の主張をしたり、証拠の申出をしたり
することです。一般的には、原告となるべき者が訴訟を決意したならば、
まず弁護士に事件を依頼することから始まります。

　とはいえ、依頼すべき弁護士が分からないという方も少なくないでしょ
う。そうした場合は、借地人と地代の交渉や立退交渉をしていたのであれ
ば、きっと不動産の専門家に一度は相談されていることでしょう。まず
は、そうした方に不動産問題に精通した弁護士を紹介してもらうのがよい
でしょう。また、インターネットなどを通じて自分で探すという方法もあ
ります。

(2) 訴状の提出

　弁護士に依頼したならば、まずは弁護士に、その事件にかかわる具体的
な事情を説明します。弁護士は、依頼人である地主などの言い分を聞い
て、それを法律的に構成して「訴状」を作成します。この「訴状」と「証

拠資料」を裁判所に提出して、訴訟を提起します。提出先となる裁判所は、訴えの相手方となる借地人等の住所地か、問題となっている土地や建物の所在地を管轄する裁判所となります。または、賃貸借契約書で訴えを提起する裁判所が定められている場合もあります。

　裁判所は、訴状を受理すると、最初の裁判期日（第1回口頭弁論期日）を決めて、訴状を相手方に送達します。「送達」とは、法定の方式に従って書類を交付することで、通常は郵送されます。こうして、訴えを提起した地主らは原告、その相手方たる借地人らは被告となります。

　土地明渡訴訟のような民事事件では、「被告」は単に訴えの相手方というだけの意味なので、そこに倫理的な意味は全くありません。しかし、刑事事件では犯罪者が被告人となることから、自分が被告という立場になると犯罪者のように扱われたかのように勘違いし、非常に憤慨する方も時折見受けられますが、それは全くの誤解です。

(3) 書面のやり取り

　本章のケーススタディにおける借地人のように、被告側が訴状を全く無視して、答弁書などを提出せずに裁判所の呼出しに応じないような場合には、「擬制自白」といい、訴状の内容、つまり原告の言い分を自白した、つまり自ら認めたものと扱われ、原告の請求が認容され、被告は敗訴します。ですから通常は、被告側も訴訟に対応するため、弁護士に依頼することになるでしょう。

　被告側は、訴状に対する反論として「答弁書」を提出しなければなりません。多くの場合、最初の答弁書は「原告の請求の棄却を求める」「理由は追って述べる」というごく簡素な内容となります。少なくとも、原告の主張を争う姿勢だけは示すわけです。

　そして、第1回口頭弁論期日に、原告・被告の代理人である弁護士が指定された法廷（裁判所内にある裁判を行う部屋）に出頭します。そこで、

訴状の内容と答弁書の内容を陳述します。陳述といっても、裁判官が「原告は訴状を陳述、被告は答弁書を陳述、よろしいですね」と尋ね、両者の弁護士が「はい」と答えるだけがほとんどです。被告側が「理由は追って述べる」とだけ書いた簡素な答弁書しか提出していない場合には、裁判官は次回の弁論期日までに、「準備書面」として、訴状に書かれた原告の言い分に対する反論を書いて提出することを求めるのが一般です。

　裁判手続の建て前としては「口頭弁論」というように、法廷において口頭で直接主張のやり取りをするかのようですが、現実には「準備書面」という書面のやり取りで行われるケースがほとんどです。

(4) 弁論準備手続

　ここから先は、担当した裁判官の裁量によって違ってきます。もっとも、明渡訴訟では、弁論準備手続になることが多いでしょう。「弁論準備手続」とは、法廷で行う口頭弁論（いわば本番の裁判手続）の準備を行う手続ということですが、現実には、法廷ではない部屋で、非公開で当事者と裁判官らでテーブルを挟んで直接話合いを行う手続です。

　この弁論準備手続の中で、裁判官は、当事者から直接話を聞いてどのように裁判を進めていくかを決めるのです。ですから、第1回口頭弁論期日には、次に行う弁論準備手続の期日を決めることが多くなります。そして、弁論準備手続が何回か繰り返されます。ちなみに、第1回口頭弁論期日はもとより、弁論準備手続には、弁護士だけでなく、地主や借地人などの当事者本人も出席できますし、弁論準備手続では出席が求められるような場合もあり得ます。

　弁論準備手続の中で、裁判官から和解を勧められることも珍しくありません。

(5) 訴訟の終了（和解・取下げ・判決・上訴）

弁論準備手続を通じて当事者間で合意ができれば、「和解」によって訴訟は終了します。「和解」とは、当事者が互いの主張を譲り合って訴訟を終了させる合意です。和解が成立すると和解調書が作成され、これは判決と同じ効力を持ちます。

また、原告が、自ら訴えを取り下げることもできます。訴訟外で和解契約を締結した場合などに訴えを取り下げることがあります。

訴えの取下げもなく、和解も成立しなければ、弁論準備手続でお互いの主張が整理された上で、再び法廷に舞台を移します。複雑な事件などでは証人尋問などの手続が行われます。そしてお互いの主張が出尽くしたら結審となり、判決が言い渡されます。

判決が送達されてから、2週間以内に原告・被告が上訴しなければ判決が確定します。判決に不服ある当事者は、その2週間が経過するまでは上級裁判所に上訴できます。第1審が地方裁判所であれば、高等裁判所に控訴することになります。控訴審の判決も、送達されて上訴されないまま2週間を経過すると判決は確定します。いずれにしろ、判決が確定すれば訴訟手続は終わります。

訴訟手続は被告が全く争わなかったり、争いようがないような場合には、訴えの提起から3ヶ月程で終わる場合もありますが、被告が争えば、訴訟は当然長引きます。特に、第1章で扱った地代の値上げ、すなわち賃料の額を訴訟で争うようなことになれば、第1審判決に至るまで1年以上かかることもあります。ですから、第1章のケーススタディでは、地主も借地人もそれを避けようと互いに譲歩し合ったという面があります。

(6) 強制執行

判決が確定すると、被告側も建物の明渡しをする等、判決に従うことが

多いです。しかし、万が一、和解が成立したり、判決が確定したにもかかわらず借主が土地や建物を明け渡さないとか、金銭の支払いを内容とした判決でその支払いをしない場合などには、強制執行の手続によって、強制的に和解や判決の内容を実現させることになります。

　強制執行を行うには「債務名義」が必要です。「債務名義」とは、法律により執行力が認められた文書のことです。債務名義があることによって、強制執行という強力な国家権力の発動を申し立てることができるのです。確定判決や裁判上の和解調書等が、この債務名義となります。いわば訴訟は、この債務名義を取得するための手続ともいえるのです。

　強制執行は、判決に執行文を付与する手続などを経て、執行裁判所などの執行機関に申立てを行うことによって開始されます。その手続は「民事執行法」という法律に定められています。強制執行の手続も、ほとんどは弁護士などの専門家に依頼し、その協力を得て行うことになるでしょう。

　不動産の明渡しの執行では、債務者（借地人や借家人等）の占有を解いて債権者（地主や家主等）にその占有を取得させる方法によって行われます（民事執行法168条1項）。抵抗を受けるような場合には、執行官は、威力を用い、または警察上の援助を求めることができます（民事執行法6条1項）。このように、強制執行はかなり強力な手続です。こうした強制執行の裏付けがあるからこそ、判決、ひいては訴訟が重要な意味を持つのです。

4 実例の紹介

(1) 証拠の積み重ね

　地代滞納の場面では、今後の裁判になることを想定して、証拠を積み重ねておくことをおすすめします。なぜなら裁判上地主に有利な事実があっ

ても、その事実を主張しなかった場合は、裁判ではこれが存在しないものとして判断されてしまうからです。したがって、裁判前に当事者で行われた協議、交渉の過程と双方の言い分、これまでの経緯を時系列に整理して、できるだけ客観的な資料を証拠として残しておくことです。これは、地代増減請求の場面でも同じです。

　ここからは、ケーススタディの元となった話を紹介します。借地人は、ある年の９月から地代を一切支払わなくなりました。それ以前は、支払いはあるものの時期が度々遅れたりしていたようです。地主も電話したり手紙を送るなりして手を焼いていました。その翌年の８月上旬、筆者が様子をみるために借地人宅に訪問したところ、たまたま在宅していて本人とお話することができたため、月末までに滞納全額を支払う約束をとりつけました。口約束だと証拠にならないので、その場で、手書の覚書を作成し、本人の署名と認め印をとったのです。

　案の定、月末を過ぎても支払いがなかったため、やむなく地主は、借地人に契約解除と建物収去土地明渡しの通知を内容証明郵便で送付し、裁判所に相談することになりました。

　積み重ねた証拠は、いざ裁判になると大変重要です。「こちらも色々手を尽くして、できることをして、それでもダメだったので、やむを得ない」と裁判所にアピールをします。その際、時系列な経緯、その事実となる裏付け資料など、できるだけ客観的な証拠が必要です。具体的には、契約書、手紙の写しがあればその写し、内容証明郵便の控え、借地人の署名と押印がある覚書などです。

　なお、本件の地主は、その年の11月上旬、契約解除と建物収去土地明渡しの請求の訴訟をしました。ところが、借地人は裁判所に出席もせず、書面の提出もありませんでした。裁判官は、もう一度借地人に答弁の機会を与えるため再度期日を決めましたが、借地人から返答がなかったため、翌年２月、欠席裁判として、契約解除と建物収去土地明渡しの判決を出し

たのです。

(2) 弁護士に依頼

　裁判手続の説明でもあるように、一般的なケースでは、地主が自ら訴訟を提起するのは難しいため、最初から弁護士に依頼することになります。

　上記の事例のように、覚書を書いても支払わない借地人の場合は、判決はもらったものの、容易に明け渡すとは思えないことが少なくありません。この場合、強制執行の手続も想定しておく必要があります。裁判所の判決は、あくまで建物収去土地明渡しを命令しているだけであり、地主にそれらを自ら実行することを認めたものではありません。強制執行では、借地人が明渡しを妨害することもありますし、裁判所の手続も複雑ですので、やはり弁護士に依頼することになります。

(3) 地主の費用

　地主の中には、地代滞納によって借地権が無料で返ってくることを期待している方もいますが、実際のところ、地主側には、それなりの費用負担が生じるものです。参考までに、上記事例において、地主が負担した費用は、弁護士費用（執行官予納金を含めて約100万円）、建物内に残置されている動産（まるでゴミ屋敷でした。市役所に相談して業者の紹介を受け、動産撤去に約30万円）、建物解体費用（約150万円）です。なお、この事例では強制執行をせずに済んだため比較的スムーズに手続を進めることができましたが、それでも相当の費用がかかっています。

第3章
借地借家法と民法

　これまで既に幾つかの条文を紹介していますが、借地関係と借家関係を規律する法律が「借地借家法」です。そして、借地関係には、契約一般について規律する「民法」も関連してきます。そこで、ここでは、借地をめぐる法律関係の大枠を理解していただくため、借地借家法と、賃貸借一般に関する民法の規定のうち、借地と関連が深い事項について、ごく簡単に説明します。

　この章は、専ら法律の説明になりますので、慣れない方は難しく感じることがあるかもしれません。そうした場合は、この章をとばして次の章へ読み進めても構いません。「借地借家法」や「民法」について関心を持ったときに読むと良いでしょう。

1 民法と借地借家法の関係

(1) 公法と私法

　法律は大きく分けて、個人と個人との間を規律する「私法」と、国家や地方自治体の仕組みや、そうした公権力と個人との関係を規律する「公法」の2種類があります。

　公法には、憲法や刑法、国家行政組織法や地方自治法などがあります。地主や家主にとって問題となる土地や建物の利用関係の規律は、基本的に個人と個人の関係なので「私法」の分野に含まれます。その私法の基本法が「民法」です。そのため、土地や建物の利用関係については民法に規定が置かれています。

(2) 一般法と特別法

　法律には、他に「一般法」と「特別法」という分類もあります。「一般法」とは、その分野について一般的に広く適用される法律のことであり、「特別法」とは、適用される対象が特定されている法律です。そして、特別法は一般法に優先して適用されます。

図表1

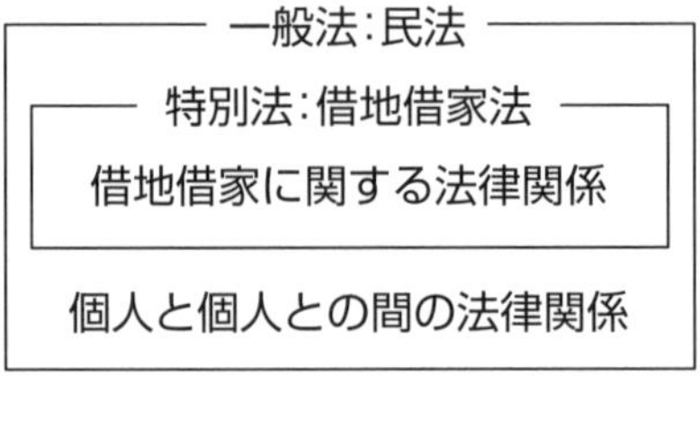

```
┌─── 一般法：民法 ──────────────┐
│ ┌─── 特別法：借地借家法 ───────┐ │
│ │  借地借家に関する法律関係     │ │
│ └─────────────────────┘ │
│    個人と個人との間の法律関係      │
└────────────────────────┘
```

　民法は、個人と個人との関係に適用される私法の一般法です。そして、借地借家法は、借地・借家に関する法律関係に適用される特別法です（**図**

表 1）。ですから、借地・借家に関する法律関係については、借地借家法が民法に優先して適用されることになります。

(3) 民法について

　借地関係については、借地借家法が民法に優先されて適用されますが、第2章では、民法が適用される「債務不履行」と「解除」について説明したように、借地に関する法律関係でも、借地借家法に規定されていないことについては一般法たる民法が適用されます。そこで、民法と借地借家法との関係を知る意味でも、まず、民法について、ごく簡単に説明します。

　民法は、第1編 総則、第2編 物権、第3編 債権、第4編 親族、第5編 相続の5編から構成されています。市民と市民との関わりのうち、第1編から第3編までは主として財産や取引に関わる事項を、第4編と第5編は家族関係に関する事項を定めています。そして、借地に関わる事項の多くは、主として第3編の債権編に定めが置かれています。第2章で説明した債務不履行と解除についても、債権編に定められています。そして、借地権に関連する「賃貸借」に関する規定は、第3編「債権」の第2章「契約」、さらにそのうちの第7節に定められています。すなわち、賃貸借は債権関係であり契約である、ということです。

(4) 物権と債権

　民法の第2編が「物権」で、第3編が「債権」です。賃貸借は第3編にありますので、賃貸借関係から生じる賃借権は債権です。賃借権と同様に、土地の利用権として「地上権」という権利もありますが、これは、第2編「物権」に規定されています。

　物権と債権の違いを簡単にいうならば、物権は、文字通り物に対する権利であり、債権は、人に対して何かをすること・しないことを請求する権利です。つまり、物権は物に対する権利、債権は人に対する権利というこ

とです。

「物権」は、物に対する権利ですから、直接的に全面的な支配権です。他方、債権は、人に対する請求権ですから、直接的な全面的支配権というわけにはいきません。物権の代表例は、所有権です。これは、まさに物に対する直接的で全面的な支配権です。その物を使用・収益することはもちろん、売却することや場合によっては壊すといったような処分も可能です。なお、物権に分類される抵当権等の担保物権は、その土地などの物の交換価値を支配する権利です。抵当権を例にとれば、被担保債権、つまりその抵当権で担保されている債権が債務不履行になると、その抵当権を実行し、抵当権が設定された物（主に不動産）を強制的に売却し、その代金から被担保債権の弁済を受けることができます。

他方、「債権」は、人に対して何かをすること、または、しないことを請求する権利です。例えば、銀行などの金融機関が融資、つまり金銭を貸した場合、貸主である金融機関は、借主に対し、それを利息と共に返済するよう請求できます。貸金債権とはそのようなものです。他方、借主は、返済する義務を負うわけですが、この義務は「債務」と呼ばれます。

このような物権と債権の違いは、賃借権と地上権にも現れています。

(5) 賃借権と地上権

a. 賃借権

賃貸借契約に基づく賃借権は、債権です。賃貸借は、貸主がある物を借主に使用収益させ、借主はその対価を支払い、契約終了時には返還するという契約です（民法601条）。土地の賃借権は、いわば賃借人が、貸主に対して、目的の土地を使用収益させることを請求する権利です。そして、賃貸人は、賃借人に対し、その対価としての賃料の支払いを請求でき、契約が終了すれば返還を請求できる権利を有するのです。

賃貸人と賃借人は、互いに、貸す債務と賃料を支払う債務を負っていま

す。これは、賃借人の賃借権と賃貸人の賃料請求権が対価関係にあるということです。このように互いに当事者間で対価関係となる債権債務関係を負う契約を「双務契約」と呼びます。売買も双務契約です。

双務契約については、第2章「地代の滞納」でみたように「解除」が認められています。互いに対価関係にある債権債務を負っているのに、一方がその債務を履行しないときに、他方に債務の履行をさせるのは不合理ですから、契約を解除して、債務不履行をしていない当事者を債権債務関係から解放する必要があるからです。すなわち、土地の賃貸借において、賃借人に賃料不払いがあれば、賃貸人は賃貸借契約を解除できるのです。

b. 地上権

他方、土地の賃借権に類似する土地を使用収益する権利として、「地上権」があります。これは物権です。ただ、これも所有者から設定を受ける権利であり、地代の定めがあれば地上権者が地代を支払わねばならないという点（民法266条）で賃借権と似ているのですが、物権ですから、物に対する直接的な支配権です。機能としては賃借権に類似しているのですが、法的な性質としては所有権に近いものとされています。そのため、賃借権より強い権利であるといえます。

c. 賃借権と地上権の違い

賃借権は、その移転については相手方である賃貸人の承諾が必要ですが（民法612条）、物権である地上権は、設定者（所有者）の承諾なく譲渡することができます。そのことにつき特に法に定めはありませんが、物権である以上、当然のこととされています。

また、不動産の賃借権も地上権も登記することができます（不動産登記法3条2号・8号）。そして、どちらも設定者と権利者が共同で登記申請をすることになります。しかし、地上権は物権であることから、地上権者

には、設定者（地主）に対して地上権の登記申請に協力するよう求める登記請求権が認められていますが、債権である賃借権には、そのような登記請求権が認められていません。

(6) 登記と対抗要件

a. 登記制度

　ここで不動産取引において欠かせない「登記」について、簡単に説明しておきましょう。ただ、登記と一言でいっても、不動産登記以外にも商業登記や成年後見登記などさまざまな登記がありますが、ここで扱うのは不動産登記のみです。この不動産の登記については、民法177条は「不動産に関する物権の得喪及び変更は、…その登記をしなければ、第三者に対抗することができない」と定められています。

　不動産登記は、1つの土地、1つの建物につき、1つの登記簿を設け、そこにその土地や建物の権利関係を記録し、権利関係を公示する制度です。公示するのですから、誰でも法務局で一定の手数料を支払いさえすれば登記事項証明書の交付を請求でき、登記の内容、すなわち、土地や建物についての権利関係を調べることができます。かつての登記簿は、紙に権利関係が記載されていましたが、今ではデジタルデータ、登記記録として存在します。

　一般に、登記による公示は取引を円滑に行うための制度だと説明されます。そのとおりですが、土地の登記簿は、そもそもは土地に課税するために、それぞれの土地が誰の所有かを把握するために作られたという経緯があります。毎年1月1日時点の所有者に対して固定資産税等が課されるのは、そのためです。しかし、もし課税のためだけの制度であれば、権利者に登記する動機付けがありませんので、登記は「対抗要件」とされました。

b. 対抗要件

　対抗要件について、物権である地上権を例に説明します。例えば、地主Aが Bを地上権者として地上権を設定する契約をしたとします（**図表2**）。

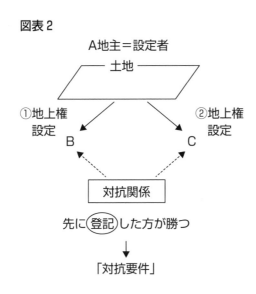

図表2

A地主＝設定者

土地

①地上権設定　　B　　C　　②地上権設定

対抗関係

先に 登記 した方が勝つ

↓

「対抗要件」

　地上権設定契約をしたのですから、地上権者Bは、地上権設定者（地主）Aに対しては、自らが地上権者であり、その土地を使用収益する権利があると主張することができます。つまり、地上権設定者に対しては地上権を対抗できます。しかし、これを、当事者以外の者、すなわち第三者に主張するには、地上権を登記しなければなりません。もし、地主Aが第三者Cにも地上権を設定し、Cが地上権の登記を先に備えてしまえば、先に地上権の設定を受けたBはCに対して自らの地上権を主張できなくなります。万が一、既に地上権を設定した土地に建物を建てていたとしても、BはCに土地を明け渡さなければならなくなります。自らの地上権を第三者に対抗するには、Bは自分が地上権者である旨の登記をしなければならないのです。すなわち、登記が「対抗要件」となるのです。これ

は、「地上権の設定」を「所有権の移転」に置き換えても同じです（**図表2**）。ですから、登記をしないと権利者が不利益を被ることになるので、そこに不動産に関する権利の変更について登記をする動機付けが生じるのです。

（7）民法から借地借家法へ

a. 対抗要件の問題

　以上が、土地の利用権たる賃借権と地上権に関する民法の規定の概略です。明治時代に制定された民法は、そもそも比較的長期の土地の利用権としては地上権が、短期のものには賃借権が利用されるものと想定されていたようです。しかし、現実には、そうはなりませんでした。地上権が利用されることは極めて少なく、土地の利用権のほとんどが賃借権となったのです。それは、地主としては、利用権を自由に譲渡できたりなど、利用権者に強い権限を与える地上権を設定することを好まなかったからです。

　地上権は、物権ですので、地上権者は地上権設定者に対して登記請求権があるため、登記を備えることが可能です。もう少し詳しく説明するならば、地上権の登記のためには地上権者と設定者が協力して地上権の登記申請をしなけれならないのですが、仮に地上権設定者が登記申請に協力しないときは、地上権者は設定者に対し訴えを提起し、「被告は、原告に対し、…登記手続せよ」という内容の判決を得て、単独で地上権の登記を申請することができるようになります。

　ところが、賃借権は、物権ではなく債権であることから登記請求権が認められていないので、借地権者は借地権設定者に対して賃借権（借地権）の登記申請につき協力を求めることができないので、賃借権が登記されることはめったにありませんでした。すなわち、土地の利用権のほとんどが登記されないということになったのです。

　登記されないということは、土地の利用権を取得しても、それを第三者

に主張できない、つまり対抗できないということです。借りた土地に自分で家を建てて住んでいても、賃貸人（地主）がその土地を他の者に譲渡してしまうと、土地を譲り受けた人はその借地人とは賃貸借契約を結んでいるわけではありません。ですから、新たな所有者から「あなたの使っているその土地は私のものだから出て行ってくれ」と言われると、借地人としては出て行かざるを得なくなってしまうのです。借地人の家が建つ土地が売買されると、その家は取り壊されることになるので、そのような売買は「地震売買」と呼ばれたりもしました。

　これでは、借地人はいつ追い出されるか分からないので、安心して土地や建物を利用できません。土地や建物は生活や事業の基盤ですから、生活も仕事も安心してできないことになってしまいます。これは、社会秩序そのものをも脅かしかねない問題です。そこで、民法が施行されてから約11年後の明治42年に「建物保護法」が制定・施行されました。これは、借地上の建てられた建物につき、借地人名義の所有権登記がなされていれば、借地権に対抗力を認めるというものでした。これによって借地人は単独で、土地の賃借権について対抗要件を備えることができるようになったのです。

b. 権利の存続

　土地の賃借権の対抗要件に関しては「建物保護法」で解決が図られましたが、次に問題となったのが、権利の存続期間です。これは、賃借権のみならず地上権でも問題となり得ます。

　賃借権や地上権は、地主にしてみれば、他の者に利用権を与えるものですから、その存続期間の間は自ら土地を利用できません。地主としては、現状、自ら利用するつもりがないから賃借権や地上権を設定しようとするわけですが、いつ必要になるかは将来のことなので分かりません。そこで、どうしても期間を短く設定しがちになります。しかし、借地人の側に

してみれば、土地を利用するということは、そこを生活の基盤にしたり、事業の基盤にしたいからです。だとすれば、短い存続期間の地上権や賃借権では、たいへん困るわけです。建物の造りにもよりますが、土地に建物を建てるからには5年や10年の期間で、地上権や賃借権の更新が拒否されて、土地を明け渡さなくてはならないのでは安心できません。そうしたことから、存続期間を保護するために、大正10年に「借地法」が制定・施行されました。借家についても、前述の対抗要件の問題や存続期間の問題を解決するために、同じ年に「借家法」が制定されました。

c. 借地借家法の登場

こうして、土地や建物の賃借人を保護するために、明治時代から大正時代にかけて順次、「建物保護法」「借地法」「借家法」といった法律が作られました。これらの法律によって、賃借人の地位が強化されたのです。そして、平成の世になり、これらの賃借人の地位を保護する法律が「借地借家法」として、平成3年に一本化され、翌平成4年8月1日から施行されました。

このような経緯でつくられた「借地借家法」は、地主や家主よりも、基本的に借地人や借家人の利益を保護するための法律です。ただ、あまり借地人や借家人の利益ばかりを保護し過ぎると、地主や家主にしてみれば一旦貸すと返してもらえなくなるので、貸渋りが起こる可能性も指摘され、必ず返してもらえる定期借地権も創設されました。同時に、借地条件の変更等に関する裁判手続に関しての規定も整備されました。

2 借地借家法の概要

(1) 借地借家法の適用対象

　ここからは、借地借家法の概要についての説明となります。借地借家法は借地関係と借家関係に適用される法律ですが、本書のテーマは借地と共有地ですので、借地を中心に主だった内容について説明します。

　借地借家法について考える際には、まずその第1条に定められた借地借家法の適用対象に注意してください。

　借地については、「建物の所有を目的」とする土地の賃借権と地上権に適用されます（借地借家法1条）。借地借家法は借地人の生活や事業を保護することを目的としているので、このような制約があります。

　ここでいう「建物」は、土地に定着し、屋根や壁に囲まれ、居住、営業、物の貯蔵等に用いられる、ある程度永続性のある建造物をいいます。トタンやテントなどで作られた露天設備などは永続性がないので、ここでいう建物に当たりません。当然、広告塔や電柱などは含まれません。

　また建物の所有を「主たる目的」とするものでなければなりません。借地法時代の事例ですが、ゴルフ練習場について適用を否定し（最高裁判所判決昭和42年12月5日）、自動車教習所について適用を肯定した判例があります（最高裁判所判決昭和58年9月9日）。

(2) 定義規定

　借地借家法2条では、言葉の定義規定を置いています。その内容は、次のとおりです。

　①　借地権　建物の所有を目的とする地上権又は土地の賃借権をいう。

② 借地権者　借地権を有する者をいう。

③ 借地権設定者　借地権者に対して借地権を設定している者をいう。

④ 転借地権　建物の所有を目的とする土地の賃借権で借地権者が設定しているものをいう。

⑤ 転借地権者　転借地権を有する者をいう。

　いくつかの点について説明を加えます。借地借家法が適用される「借地権」には、賃借権だけでなく地上権も含まれます。そして「借地権者」には、土地の賃借人だけでなく地上権者も含まれます。「借地権設定者」は、主に土地の所有者、地主ということになりますが、地上権者が賃貸人になるような場合もあります。そのような場合、その賃貸借は「転借地権」ということになり、地上権者からの借地人は「転借地権者」となります。以下、本章では、この用語に従います。

　なお、土地利用権の対価としては、民法上、地上権は「地代」と賃借権では「賃料」と使い分けられていますが、借地借家法では、これらを合わせ「地代等」という言葉が使われています（借地借家法 11 条 1 項括弧書き）。

(3) 借地権の対抗力

　借地借家法では、建物所有目的の借地については、借地権についての登記がなくても、借地上に借地人名義の登記がある建物を所有していれば、借地権を第三者に対抗できます（借地借家法 10 条 1 項）。これは、先に説明した「建物保護法」から受け継いだ規定です。ただ、建物の登記は、あくまでも借地人名義の登記でなければなりません。借地人は父親で、建物の登記上の所有名義が息子であるような場合には、対抗力は認められていません。

　建物所有を目的とした借地であれば、借地人は借地上に建物を所有して

いるはずです。その建物に所有権登記をすることは容易です。新築であれば単独で所有権の保存登記はできますし（不動産登記法74条1項）、建物を借地権と共に譲り受けたとしても、代金の支払いと同時に建物の所有権移転登記を受けるのが通常です。借地人は、借地権設定者の協力を得ることなく、借地権につき対抗要件を備えることができるのです。

借地権の存続中に建物が滅失したからといって、借地権は消滅しませんが、借地権の対抗力は、原則として失われます。しかし、借地上の見やすい場所に、建物の滅失日や建物を新たに築造する旨など掲示することによって、滅失日から2年間は、暫定的に対抗力を維持できます（借地借家法10条2項）。2年以内に、新たに建物を築造し、登記を備えることが必要です。

なお、借家については、実際に借家人に建物の引渡しがされていれば対抗力が認められます（借地借家法31条1項）。

(4) 借地権の存続期間と借地契約の更新

a. 借地権の存続期間

借地借家法では、建物所有を目的とする借地について、存続期間を30年、それ以上の期間を契約で定めたときはその期間としました（借地借家法3条）

かつて民法上の賃貸借期間の上限は20年でしたが、令和元年4月施行の改正により民法上の賃貸借の存続期間の上限は50年とされました（民法604条）。これは借地借家法が適用されないゴルフ場の敷地や太陽光発電の為の敷地等のニーズを考慮したものですが、あくまでも合意により最長で50年の存続期間を定められるというものです。

これに対し、借地借家法の適用される借地権では、合意による存続期間の定めに上限はありません。そして、存続期間を定めなかった場合、及び、30年未満の存続期間を定めた場合は、存続期間は30年となります。

30 年未満の存続期間を定めても無効となります。つまり、借地権の存続期間は、30 年が下限となります。

　なお、存続期間については、旧借地法が適用される借地契約もあります。その点については、後述します（→ p.82）。

b．合意による更新

　借地契約の存続期間が終了した場合には更新、すなわち、同一の契約を存続させることができます。

　更新後の存続期間は、借地権設定後最初の更新の場合には 20 年、それ以後の更新の際は 10 年となります。当事者同士で、これより長い期間を定めた場合は、その合意に従います（借地借家法 4 条）。

　この点、借地権者に不利な特約は認められませんので（借地借家法 9 条）、もし、前記の期間より短い存続期間を合意しても、それは無効となり、前記の期間となります（**図表 3**）。

図表 3

借地権設定時における存続期間の定め（借地借家法 3 条）		更新後における存続期間の定め（借地借家法 4 条）			
		最初の更新		2 回目の更新以降	
定め無し	30 年以上の定め	定め無し	20 年以上の定め	定め無し	10 年以上の定め
30 年	約定どおりの期間	20 年	約定どおりの期間	10 年	約定どおりの期間

c．法定更新

　地主をはじめとする借地権設定者にとって特に重要なのは、この「法定更新」でしょう。借地権設定者との合意なくして更新されるからです。

　次のような定めとなっています。

① 借地権の存続期間が満了する場合、借地人が更新の請求をしたのに対して、借地上に建物がある限り、借地権設定者が遅滞なく正当事由のある異議を述べないと、それまでの契約と同一の条件で契約を更新したものとみなされます（借地借家法5条1項、6条）。
② 借地権の存続期間が満了した後に借地人が土地の使用を継続している場合、借地上に建物がある限り、借地権設定者が遅滞なく正当事由のある異議を述べないと、それまでの契約と同一の条件で契約を更新したものとみなされます（借地借家法5条2項）。

　上記の①は借地人が「更新の請求」をした場合、②は更新の請求はないものの借地人が土地の「使用を継続」している場合について定めています。いずれの場合も、借地権設定者が、遅滞なく正当事由のある異議を述べないと、それまでの契約と同一の条件で契約を更新したものとみなされます。

　また、「借地上に建物が存在」していることが更新の要件となっています。すなわち、期間満了時に建物が滅失しているときは、契約は更新されません。こうした法定更新が、継続地代が安くなる原因となっています（→ p.18）。

　なお、更新の際に支払われることがある「更新料」については、借地借家法にも民法にも規定はありません。しかし、当事者間に更新料支払いの合意があれば、借地権者には更新料支払いの義務が生じます。更新料については、第7章で詳しく扱っています（→ p.178）。

　この法定更新についての最大の課題は、借地権設定者が更新を拒絶する際の「正当事由」の有無です。これは、項を改めて説明します。

d. 更新拒絶の要件〜正当事由

　借地権設定者が更新拒絶をするには「正当事由」が必要とされています。この「正当事由」の有無が、地主や家主が契約を終了させ土地や建物

第3章 借地借家法と民法

79

を返してもらおうと思ったときに、決定的な意味をもちます。

　正当事由の有無はさまざまな事情を考慮して、総合的に判断されます。正当事由につき定める借地借家法6条が掲げる正当事由の判断要因には、次のようなものがあります（借地借家法6条）。

① 　借地権設定者が土地の使用を必要とする事情
② 　借地権者が土地の使用を必要とする事情
③ 　借地に関する従前の経緯
④ 　土地の利用状況
⑤ 　土地の明渡しと引換えの財産上の給付の申出

　上記①では、設定者自身やその家族のための建物を建てる必要性等のほか、再開発によって高層化を図ることなども考慮されます。②については、転借地人の事情も考慮されます。③では、権利金、更新料等が支払われていることは正当事由を否定する方向で働きます。反対に、増改築時に承諾料が支払われなかったことは正当事由を肯定する方向に働きます。④の土地の利用状況においては、借地上の建物の老朽化の程度、法令違反の有無などが考慮されます。

　⑤は、いわゆる「立退料」です。条文上「財産上の給付」とあります。必ずしも金銭の支払いに限られるものではなく、代替土地の提供なども含まれます。注意が必要なのは、裁判所は、上記の事情を総合的に判断して正当事由の有無を判断しますから、立退料の提供のみによって正当事由が具備されるわけではありません。立退料は、あくまでも補完的な要因ということになります。この「立退料」の問題については、第8章の5で詳しく扱っています（→ p.229）。

　なお、正当事由は、基本的に更新拒絶や解約申入れをしたときに存在していなければなりませんが、立退料の提供は、これら申入れ等の後でも可

能です。

e. 建物買取請求権

　借地契約の更新がない場合、借地人は土地を地主に明け渡さなければなりませんが、借地人は、借地権設定者に対し、土地上にある建物を時価で買い取ることを請求できます（借地借家法13条）。この買取請求権を排除する特約は無効です（借地借家法16条）。

　民法の原則によれば、土地を現状に復して返還すべきとされていますが（民法269条、622条、599条）、これをそのまま適用すれば、借地人はせっかく建てた住居等を取り壊さなければなりません。そこで、借地借家法は、借地権者が投下した資本を回収するために、借地権設定者に対する買取請求を認めたのです。

　買取りの対象となるのは、あくまでも「借地権者が権限により土地に付属させたもの」でなければならず、用法違反により設置されたもの等は対象外です。

(5) 建物が滅失したときの借地権

a. 更新前の建物滅失

　更新される前の最初の借地契約の存続期間内に、借地上の建物が滅失した場合には、借地権者としては、借地契約の存続期間内ですから、建物を再築することができます。ただ、存続期間がある程度経過した後に新たな建物を建てるとなれば、再築する建物の耐用年数は存続期間を超えるものとなります。そこで、借地借家法7条は、その場合の借地権者と借地権設定者との利益調整を図っています。

　借地設定者が存続期間を超えて存続すべき建物の再築を承諾した場合には、その承諾をした日または築造された日のいずれか早い日から20年間、借地権は存続します。当事者間で、それよりも長い期間を定めたとき

はそれに従います。また、借地権者が再築することを通知し、借地権設定者がその通知を受けた後2ヶ月以内に異議を述べなかったときも、存続期間は延長されます。いわゆる黙示の承諾です。転借地権が設定されている場合に、転借地権者が原借地権の存続期間を超える建物を再築する場合も同様の扱いとなります。

なお、建物が滅失した場合には、借地権の対抗力が失われますが、前述のように借地借家法10条2項に従った措置によって対抗力を2年間維持することができます（→ p.77）。

b. 更新後の建物滅失

借地契約の更新後に建物の滅失があった場合については、借地借家法8条が定めています。その場合、借地権者は、借地権の解約を申し入れることができます。もし、借地権者が借地権設定者の承諾を得ずに存続期間を超えて存続すべき建物を築造したときは、借地権設定者は、借地権の解約を申し入れることができます。借地権は、その解約の申入れがあった日から3ヶ月経過することによって消滅します。転借地権者が建物を再築した場合も同様に扱われます。

このように、建物が滅失した場合の扱いが、最初の借地契約の存続期間内の場合と更新後の場合で異なっているのは、最初の存続期間において建物の所有目的は達していると考えられるからです。更新は、あくまでも借地上に建物が存在することが前提となっているのですから、更新後は、建物が滅失すれば借地契約を終了させても構わないと考えられているのです。

(6) 旧借地法が適用される場合

a. 存続期間と更新

借地契約は、親の代、場合によっては祖父の代に締結されたような場合

もあり得ます。借地借家法は平成 4 年（1992 年）8 月 1 日に施行されましたが、それより前に締結された賃貸借契約については、旧借地法、旧借家法、建物保護法が適用される旨が借地借家法の附則に定められています。すなわち、平成 4 年 7 月 31 日以前に締結された借地契約には旧借地法が適用されます。その場合、特に問題となりやすいのが、借地権の存続期間です。そこで、この点について簡単に説明します。

旧借地法では「堅固建物」と「非堅固建物」を区別して借地契約の存続期間を定めています。そのため、平成 4 年 7 月 31 日以前に締結された借地契約では、「堅固建物」と「非堅固建物」かどうかで、借地契約の存続期間について違いが生じます。

堅固建物では、存続期間が 30 年以上の定めがある場合には約定どおりの存続期間となりますが、期間の定めがない場合や存続期間が 30 年未満の場合には存続期間を「60 年」としており、一方、非堅固建物では、存続期間が 20 年以上であれば約定どおりですが、期間の定めがない場合や存続期間が 20 年未満の場合には存続期間は 30 年とされていました（旧借地法 2 条）。なお、建物の種類や構造を定めなかったときは、堅固建物の所有目的とみなされます（旧借地法 3 条）。

図表 4　旧借地法による存続期間の定め

	借地権設定時における存続期間の定め			更新後の存続期間の定め		
	定め無し	定め有り		定め無し	定め有り	
堅固建物所有目的	60 年	30 年以上の定め	30 年未満の定め	30 年	30 年以上の定め	30 年未満の定め
		有効（30 年以上）	無効（→ 60 年）		有効（30 年以上）	無効（→ 30 年）
非堅固建物所有目的	30 年	20 年以上の定め	20 年未満の定め	20 年	20 年以上の定め	20 年未満の定め
		有効（20 年以上）	無効（→ 30 年）		有効（20 年以上）	無効（→ 20 年）

更新後の存続期間についても、平成4年7月31日以前に設定された借地権については、堅固建物と非堅固建物を区別した上で、期間の定めがないときは、堅固建物については更新の時から30年、非堅固建物については20年とし、それ以上の存続期間の約定があれば、その約定によります。堅固建物につき30年未満、非堅固建物につき20年未満の約定であれば、その約定は無効となり、期間の定めがないものとして扱われます（旧借地法5条）。

b．建物の朽廃による借地権の消滅

　平成4年7月31日以前に設定された借地権は、存続期間を定めなかったとき、前記のとおり堅固建物60年、非堅固建物30年の存続期間となりますが、その期間満了前であっても、借地上の建物が朽廃すれば、借地権は消滅します（旧借地法2条1項但書）。しかし、合意により堅固建物30年以上、非堅固建物20年以上の存続期間を定めたときは、その期間経過前に建物が朽廃しても借地権は消滅しません（旧借地法2条2項）。この朽廃による借地権の消滅は、更新後の存続期間にも適用されます。その場合も、堅固建物30年以上、非堅固建物20年以上の存続期間を合意により定めた場合は、建物が朽廃しても借地権は消滅しません（旧借地法5条2項後）。

　「朽廃」とは、腐食損傷等の経年劣化によって建物としての効用を喪失した状態を表す旧借地法上の言葉です。通常の修繕で効用を全うし得るような場合は、朽廃に当たりません。また、借地権設定者が、借地人に無断で取り壊してしまったとしても、それは朽廃に当たらず、借地権は消滅しません。

　借地借家法では「朽廃」という概念を用いずに、人為的な取壊し等も含む「滅失」という言葉が用いられていますが、借地借家法が適用される平成4年8月1日以降に設定された借地権は、建物が滅失しても借地権は当然には消滅しないことは、前記（5）（→ p.81）で説明したとおりです。

(7) 地代等の増減請求

　借地借家法 11 条では、地代等の増減請求権について定められています。その点については、第 1 章 ② で説明しましたので（→ p.20）、そちらを参照してください。また、具体的手続については、次の第 4 章で説明します。

　なお、借家についても、同様の規定が借地借家法 32 条にあります。

(8) 賃借権の譲渡・転貸

　借地上に借地人が建物を所有し、その建物を第三者に譲渡するとき、借地権も一緒に譲渡しないと、第三者は建物を維持できません。借地権が地上権であれば、地上権は自由に譲渡できますので問題ありませんが、借地権が賃借権の場合には、そうはいきません。賃貸人の承諾なくして無断で譲渡や転貸をすると賃貸借契約を解除されてしまいます（民法 612 条）。この点、借家については、あくまでも保護すべきなのは賃借人による居住なので、この民法の原則のままで構いません。しかし、借地の場合は、借地上に自ら建物を建築した借地人がその建物を他に譲渡しなければならないような場合もあるし、同じ建物が建っている限り土地の利用方法が大きく変更されるようなことはないことも考慮して、借地借家法は、賃貸人の承諾に代わる許可を裁判所に請求することを認めました（借地借家法 19 条）。裁判所に請求する手続については、第 7 章 ④ で説明しています（→ p.196）。

　ところで、本章 ② (4) e. において、借地権が更新されなかった場合に、借地権者が借地権設定者に対し建物買取請求できることは既に説明しましたが（→ p.81）、借地上の建物を譲り受けたものの、設定者の承諾を得られなかった第三者にも、借地権設定者に対する建物買取請求権が認められています（借地借家法 14 条）。

(9) 定期借地権等

a. 総説

これまで説明したように「法定更新」の制度等により、地主は、正当事由がなければ土地を返してもらえなくなっています。借地権者の生活や事業を保護するには資するものの、他方で、土地を返してもらえなくなる恐れがある地主は、なかなか土地を貸さなくなってきました。そうなると、活用されて然るべき土地が活用されなくなるという弊害も生じてきました。そこで、一定期間経過後には契約期間が終了し、土地を必ず返してもらえる借地権、すなわち「定期借地権」として、次のような制度が設けられました。近年では、これらの定期借地権を利用するケースが増えています。

b. 一般定期借地権

存続期間が50年以上で、かつ、公正証書等の書面で借地権が設定された場合には、法定更新がないこと（4条〜6条と異なる定め）、建物の再築による期間の延長がないこと（7条と異なる定め）、建物買取請求をしないこと（13条と異なる定め）とする特約をすることができます（借地借家法22条）。これらの特約ができるのは、あくまでも存続期間が「50年以上」の定めがあり、かつ、「書面」で借地権が設定された場合です。

c. 事業用定期借地権

専ら事業の用に供する建物（居住の用に供するものは除く）の所有を目的として、かつ、存続期間を30年以上50年未満とし、「公正証書」によって借地権を設定した場合には、法定更新がないこと、建物の再築により期間の延長がないこと、建物の買取請求をしないことを定めることができます（借地借家法23条1項・3項）。ちなみに、存続期間が50年以上

であれば、事業用に供する建物の所有目的であっても、書面による契約など他の要件を満たしていれば、前述の「一般定期借地権」としての効力が認められます。

また、借地権の存続期間は30年以上とされていますが、事業用の建物を所有する場合には、それよりも短い存続期間の借地権の需要もあることから、存続期間が10年以上30年未満で、公正証書によって借地権を設定した場合には、存続期間、更新、建物滅失の場合の期間延長、建物買取請求の規定が適用されません（借地借家法23条2項・3項）。

なお、一般定期借地権は書面によって契約すれば足り、必ずしも公正証書による必要はありませんが、事業用定期借地権は、必ず公正証書によって設定する必要があることには注意してください（借地借家法23条3項）。

d. 建物譲渡特約付借地権

利用目的を問わず、借地権を設定してから30年以上経過後に地上建物を地主に相当の価格で譲渡する特約を付けた場合は、この特約に基づく譲渡があると借地権が消滅しますので、法定更新がされません（借地借家法24条）。この建物譲渡特約付借地権は、前述の一般定期借地権や事業用定期借地権と異なり、書面であることや公正証書で借地契約を締結することは要件となっていません。

e. 一時使用のための借地権

建物所有目的の借地契約であっても、仮設の店舗やイベント用の簡易な施設など、一時的に建物を所有するためのものであることが明らかなときは、存続期間に関する規定や更新に関する規定などは適用されません（借地借家法25条）。一時使用目的が明らかな場合にまで、これらの規定の適用を認めるのは、土地利用の実状にそぐわないからです。

(10) 借地条件の変更等

　借地契約は継続的な契約関係ですので、期間の経過に伴って契約当初とは事情が変わってくることもあり得ます。そこで、借地借家法は、借地契約で定められた内容を変更することが認められています。その代表例が、前述の（7）の地代等の増減請求と（8）の賃借権の譲渡・転貸に対する許可です。その他にも、借地条件変更（借地借家法 17 条 1 項）、増改築（借地借家法 17 条 2 項）、借地契約更新後の建物の再築（借地借家法 18 条 1 項）、競売又は公売に伴う土地賃借権譲受（借地借家法 20 条 1 項）について、規定が設けられています。これらの点については、第 7 章④で説明していますので（→ p.196）、そちらを参照してください。

第4章

地代交渉

【調停編】

当事者間での話合いによる地代の交渉については、既に第1章で取り上げました。そこで、本章では、話合いのみでは解決しなかった場合を想定して、調停による地代の交渉について説明します。また、地代に関する調停や訴訟の場で用いられる「不動産鑑定書」についても説明しています。

ケーススタディ
地代交渉　姉 VS 妹編

■妹がビルオーナーで私は地主

　はっきり言って、私の妹は優秀です。仕事ができます。少し古い言葉で言うなら、バリバリのキャリアウーマンといったところでしょうか。ただ、お金が絡むと、とってもシビア。要するにケチ。少し気が強いのも、場合によってはちょっと問題かも。そして離婚経験あり。原因は金銭トラブルのようでした。というのも、4年前に父が亡くなり、私たち姉妹は土地と建物を相続したのです。どうやら、それが離婚のきっかけになってしまったようです。

　私たちの父は、都内私鉄沿線の駅前に200坪の土地を持っていて、そこに3階建てのビルを建て賃貸していました。その土地を私が、建物を妹が相続しました。建物は土地と違い、テナントとの交渉やら建物の維持管理やらといろいろと面倒臭そうなので、そういうことは妹

に任せることにして、専業主婦の私は土地を相続して、妹から地代をもらうこととしたのです。

　地代は毎月30万円でした。ビルのテナントはカラオケ屋と飲食店です。妹がテナントからもらっている賃料が具体的に幾らなのか、相続のときに聞いたはずですが、詳しくは覚えていません。たしか100万円以上したような気がします。抜け目のない妹のことですから、その後にテナントと交渉して賃料を値上げしたかもしれません。先日、妹に賃料について訊いてみましたが、そういうことは相手もあることだから秘密だと言われてしまいました。

　そして、毎月100万円以上のお金が妹に入るようになって、それがきっかけとなって、妹と夫との関係がおかしくなり、父が亡くなってから1年すぎた頃に離婚してしまいました。子供がいなかったこともあって、あっさりとしたものでした。

■地代の値上げを思い立つ

　一方、私の方はというと、夫はIT関係の会社に勤めているのですが、以前からその勤務先は業績不振が取り沙汰されており、ついに海外の会社に買収されて、夫は子会社に出向することになりました。遠方に転勤になるようなことはなかったのですが、収入が2割ほど減ってしまったのです。2人の子供は高校生と大学生。上の子が京都の大学に進学したために仕送りをしなければならなくなったこともあって、少々家計が厳しくなってきました。

　そこで、妹から受け取る地代を値上げしてもらえないかと考えたのです。でも、「家計が厳しいので地代を上げて」と言って、「はいそうですか」と簡単に応じてくれるような妹ではありません。よく考えてみれば、駅前の商業地200坪の賃料として月額30万円というのは妥当なのかどうか、それすらもよく分かっていません。夫も技術畑の人

なので、そうしたことには全く疎くて、どうにもなりません。

　そこで私は、地代の相場はどの程度なのかとインターネットでいろいろと検索すると、ある不動産鑑定事務所のウェブサイトに辿り着きました。思い切って電話してみたら、正式な鑑定となると費用もそれなりにかかるということなので、まずは、地代についての意見書を書いてもらうことになりました。

　意見書ができたということなので鑑定士事務所へ行き、いろいろと相談しました。査定額は40万円ということで、値上げの交渉が成立する余地は十分にあるということでした。賃料の増額交渉は、当事者同士の話合いだけで解決しなければ、裁判所へ調停を申し立て、それでもダメなら裁判という段取りになるそうです。

■調停をやろう

　まずは、鑑定士の意見書を持って妹の所へ行き、地代の値上げを申し入れてみました。「お姉ちゃんにしては、なかなかやるわね」と、予め不動産鑑定士に相談して地代の査定をしてもらったことに感心されてしまいました。でも、妹は「こちらはちゃんとした鑑定をしてもらうわ。交渉はそれからね」と、地代についてもっと本格的な鑑定書を作成するそうです。

　さらに妹は「お姉ちゃん、裁判所で調停をやろうよ」と、お互いの鑑定書を証拠として裁判所の調停手続に付すことを妹が提案してきました。「そうしましょう」私が二つ返事で受けて立ったので、妹はちょっと驚いたようでした。専業主婦の私が、裁判所と聞いて腰が引けるとでも思っていたのでしょうか。私の方もそういった流れになる可能性があることは、鑑定士の方から教えてもらっていたので心構えができていました。それに、2人だけで話し合っても決着が付きそうもないし、お金のことなんかで互いの関係を悪くしたくなかったの

で、ここは第三者に判断してもらうのがいいと思ったからです。もしかしたら、妹も同じことを考えていたのかもしれません。

　というわけで、私は、改めて正式な鑑定書を作成してもらい、不動産鑑定士事務所の方から紹介してもらった弁護士に依頼して、調停に臨みました。

　妹の方が提出してきた地代の鑑定額はこれまでと同じ 30 万円、こちらの鑑定額は、詳細に調査した結果、査定よりちょっと上がって 45 万円。調停委員は、私の方の鑑定結果をより適切と判断したようで、40 万円の調停案を示してきました。その金額で調停がまとまり、結局、2 回の調停期日で終わりました。

　裁判所の玄関ホールで別れ際、「久しぶりにお姉ちゃんに一本取られちゃったね」と妹に言われました。でも、どこか楽しそうでした。いろいろと仕事で頑張ってきた妹にしてみれば、裁判所の調停なんて、ちょっとしたレクリエーションだったのかもしれません。そんな妹に私が 1 人で交渉しても、軽く言いくるめられただけだったでしょう。そうでなば大ゲンカ。今回は、早い段階から専門家のアドバイスを仰いだのが正解だったようです。

　地代も上がったことですし、妹に良い男性を紹介してやろうかと思っています。もっとも、当てがあるわけではありませんが。

1 値上げの申入れ

　地代の値上げを希望する場合、当然、地主は借地人に対して地代の値上げを申し入れることになります。

　本件のケースでは、借地人が自分の妹という気安さもあってか、地主である姉は、地代について査定をしてもらった上、直接値上げを申し入れています。しかし、借地人と長い間連絡を取り合っていないような場合には、文書で申し入れるとよいでしょう。文書というのは、口頭と違ってすぐに返答しなければならないものではないため、受け取った者に考えるゆとりを与えることができるからです。

　しかし、文書と一口に言っても、ごく普通の手紙で値上げを申し入れる以外にも、値上げの申入れをしたこと、及び、それが何時のことか、といったことを明確にしておくために「内容証明郵便」を使うという方法があります。この内容証明郵便を使うことには、実は重要な意味があります。そこで、ここでは、地代の値上げの申入れについて、内容証明郵便を使う意味やその機能について説明します。

2 内容証明郵便

(1) 借地借家法 11 条

　地代の増減請求権については、借地借家法の第 11 条に定められています。その第 1 項の内容は、第 1 章 ② (1) a.（→ p.20）で引用してあります。とても重要な条文ですから参照してください。

　さて、ここで重要なのは、その 11 条 1 項の条文が「増減を請求することができる」と定めていることです。つまり、地主が地代の請求をすれば

直ちに額が変更されるということです。無論、具体的な額は、裁判所の判断や当事者間の合意によって定まるのですが、その決まった額が適用されるのは、その請求した日からということなのです。つまり、値上額がどのように決まろうとも、一旦決まった値上げは、地主が最初に「値上げを申し入れた日から」ということになるのです。ですから、借地人がいたずらに交渉を長引かせれば、値上げ分に遅延利息が生じてしまいますので、借地人による交渉の引延しを防止することができるのです。

　ちなみに、条文は、減額の場合も併せて定めていますが、ここでは増額を前提に説明していきます。

(2) 内容証明郵便の機能

　そこで、いつ、地代の増額を請求したのかが重要になってきます。この請求が口頭だと、"言った言わない"というつまらない紛争が生じるおそれがあるので、文書で申し入れる必要があるのです。その最も確実な方法が、内容証明郵便を使った申入れです。「内容証明郵便」は、いつ、どのような内容を申し入れたのか、後の法的手続の上でしっかりと証拠として残すために用いる方法です。また、内容証明郵便が相手方に届いたことも証明するために、配達証明を付けるのが通常です。

　決められた書式に従い、相手方の住所と氏名、こちらの住所と氏名、日付を明記した上で、印鑑を捺した文書を3通作成します。1通は相手方に送付、1通は記録として郵便局に保管、そして最後の1通は控えとしてこちらで保管し、証拠として使用することとなります。さらに、相手方に内容証明郵便が届けば、配達された年月日が記載された葉書が郵便局から届きます。これが配達証明であり、いつ配達されたか、つまりいつ相手方がこちらの申入れを認識したかの証明になりますので、この葉書もしっかりと保管する必要があります。なお、内容証明郵便を送付するのは、値上げの日付を確定しておくためのもので、額は後日確定するとしても、内容証

明郵便には、まずは希望する地代額を示しておく必要があります。

(3) 相手方に応じた対応

　ただ、内容証明郵便は、基本的に"言った言わない"という後日の紛争を防ぐために使われるものにすぎないのですが、法的手続の前提として使われることが多いものですから、裁判の準備と受け取られ、こちらがケンカ腰であるかのような印象を相手方に与えてしまう場合も稀にあります。相手方の年齢、職業、これまでの関係等を考慮して、内容証明郵便を使うかどうかを決めるとよいでしょう。

　具体的にいうならば、借地人の方が日頃から連絡を取り合う仲である場合や、お年寄りや会社勤めをしていない方のような場合には、口頭や通常の郵便での申入れをした方が、後の交渉がより円滑に進むような場合もあり得ます。第1章や本章のケーススタディは、そうした事例です。

　裁判が不可避な状況であれば内容証明郵便を利用すべきところですが、交渉は相手方のあることですから、交渉を円滑に進めるには、できる限り、相手方の性格や立場、事情も考慮した対応をとった方がいいということです。

3 調停

(1) 申入れから交渉へ

　以上のように、具体的な額は後で決まるとしても、少なくとも値上げの日は値上げの申入れが到達した日となります。そして、申入れをしたならば、申し入れた値上額を1つの叩き台として、具体的な額についての交渉となります。書面によるにしろ、口頭によるにしろ、値上げの申入れによって交渉が始まります。地主と借地人の直接の交渉のみで具体的な額が

決まればよいのですが、それだけで交渉がまとまらない場合には、裁判所の関わる手続に移行することになります。

(2) 調停前置主義

　当事者間だけの交渉で協議がまとまらない場合、地主としては、裁判所が関与する手続を利用して賃料の値上げを請求することになります。また、借地人が何の返答もしてこない場合もあり得ます。そのような場合でも交渉を進めようとするには、裁判所を利用する他はないでしょう。

　しかし、地代の値上げは、訴訟を提起するには対象となる金額が比較的少額なので、訴えを提起するというのは経済的合理性の観点から必ずしも適切とはいえません。そこで、民事調停法という法律は、地代等の値上げについては、訴訟を提起する前に必ず調停の申立てをしなければならないという「調停前置主義」を定めています（民事調停法24条の2）。つまり、いきなり訴えを提起することはできず、裁判所を利用するとしても、裁判所が間に入りますから、まずは当事者で話し合ってください、ということです。

(3) 調停手続

　「調停」というのは、両当事者の間、具体的には地主と借地人の間に、裁判所が入って当事者間の合意を成立させる手続です。裁判所といっても、ここでは調停委員会と呼ばれる人達が手続に関わってきます。「調停委員会」は、裁判官1名と調停委員2名で構成され、調停委員は、弁護士や不動産鑑定士などの専門家がなります。

　調停は、比較的短期で、柔軟な解決によって当事者双方に納得のいく解決を図ることができるという長所がありますが、相手方が裁判所の呼出しに応じなかった場合は不成立となります。不成立となれば、訴訟手続へと進むことになります。

調停を申し立てるにあたっては、やはり裁判所の関わる手続ですので、弁護士に依頼して申立てをするケースが多いのですが、訴えを提起するよりも調停申立ての手続は簡単ですから、地主自身が自ら申立てをすることもできますし、現にそうしている方も少なくありません。

　具体的には、申立書を書いて証拠書類とともに、問題となっている土地を管轄する裁判所に提出することになります。通常の地代増額であれば、その土地を管轄する「簡易裁判所」に申し立てることになります（民事調停法24条）

　弁護士や司法書士に依頼するならば、申立手続は彼らが代行してくれますが、自分で申立ての手続をするのであれば、不動産鑑定士など専門家の手を借りながら、自分で申立書を作成し、自分で裁判所に提出することになります。

　また、簡易裁判所は弁護士に依頼するほどではない少額な事件を担当しますので、一般の方に向けて手続を説明する窓口が設けられている場合があります。そうした裁判所の窓口を利用することも可能です。ただし、自分の言い分が正しいのかどうかという相談には応じてくれませんので、注意してください。あくまでも手続の方法を教えてくれるだけです。

　証拠書類は、目的の土地の登記簿謄本（登記事項全部証明書）、賃貸借契約書、増額請求の内容証明郵便を出した場合にはその控えと配達証明として返送されてきた葉書などです。固定資産税等が高くなってきているのであれば固定資産評価証明書、不動産鑑定書があれば不動産鑑定書などを提出することができます。

(4) 調停手続の中身

　調停手続は、法廷ではなく、ごく普通の事務室のような調停室で行われます。期日が定められ、両当事者が出席します。調停委員は、地主と借地人、それぞれの言い分を聴きます。地主の話を聴く時は、一旦借地人側の

人には部屋を退出してもらい、反対に借地人側の話を聴く時は、地主側の人には退出してもらい、交互に話を聴きます。こうすることによって、相手のいる前では言い難い事情も調停委員に伝えることができます。1回の調停手続で交渉がまとまるケースは多くありません。通常は、2〜3回の会合が行われます。当事者から話を聴いた調停委員会が調停案を提示して、当事者はそれを受け入れられるかどうかを持ち帰って検討するなどして、お互いの言い分を調整しながら、お互いが受け入れることができる調停案を作っていきます。

　そして、当事者の話合いがまとまると、その内容が調停調書に記載されます。調停調書には、確定した判決と同じ効力が生じますので、後から不服を唱えることはできません。

　もし、話合いがまとまらない場合は不成立となり、あくまで法的に解決しようとするならば、訴訟手続に移行することになります。訴訟手続の概要については、地代の滞納を前提に、第2章で説明をしましたので（→ p.58）、そちらを参照してください。

4 不動産鑑定の利用

　ケーススタディでは、姉も妹も、調停で不動産鑑定書を使っています。ここでは、不動産鑑定士や制度について説明します。

(1) 不動産鑑定士

a. 不動産鑑定士の役割

　地代の増減請求において、不動産鑑定士は極めて重要な役割を果たしています。裁判所は、個人間などの法律的な紛争について解決するところです。裁判官は法律の専門家であって不動産評価の専門家ではないので、地代や借地権価格等についての不動産評価が適正か否かは、裁判官だけでは

判断がつきません。裁判所としても、不動産評価については、不動産鑑定士等の意見を聴かなければ、よく分からないというわけです。

　したがって、裁判所は、基本的には不動産鑑定士等の専門的知見を利用します。もちろん、裁判所は不動産鑑定士の意見に拘束されず、あくまで専門的な意見を踏まえた上で自ら判断を下すことになります。

b．不動産鑑定制度

　不動産鑑定制度については、「不動産の鑑定評価に関する法律」に定められています。調停や裁判手続において、不動産の価値のことで争いが生じる場合には、不動産の価値の判断はこの法律や関連法令・鑑定基準などに基づいて行われることになっています。この法律において、不動産鑑定評価とは「不動産（土地若しくは建物又はこれらに関する所有権以外の権利をいう。）の経済価値を判定し、その結果を価額に表示すること」（不動産の鑑定評価に関する法律2条1項）とされています。このように法律によって定められた基準に従って不動産評価をしていることから、裁判所において不動産評価で問題が生じる場合は、不動産鑑定士の意見を重視するわけです。

c．不動産鑑定士の資格者数

　不動産鑑定士の資格登録者は、東京都内で2,958人、全国で9,646人（令和3年1月1日現在、国土交通省HP）です。この資格者数は、他の国家資格と比べてかなり少ないものとなっています。ちなみに、税理士は、全国で7万9,898人（令和3年10月末日現在、日本税理士会連合会HPより）、弁護士は、全国4万2,164人（令和2年3月31日現在、日本弁護士連合会HPより）、宅地建物取引士は、全国107万6,177人（令和元年度、国土交通省発表）です。身近に相談できる不動産鑑定士がいないと言われることがありますが、資格者の数が少ないことも1つの理由でしょう。

図表1

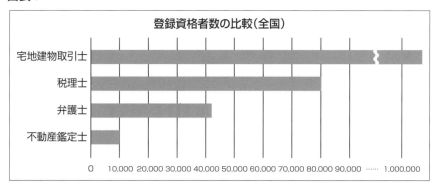

(2) 不動産鑑定書の活用

a.「鑑定評価」と不動産業者による「査定」との違い

　「不動産価格なら不動産屋さんに行けば無料で査定してくれるよ」と思われる方もいるようですが、不動産業者が価格査定を出す場合は、例えば、不動産業者が売却依頼の仲介を取ろうとする時、自ら買い取りしようとする時など、仲介や不動産取引を目的としています。なにより、鑑定基準に基づいた正式な書類ではありません。そのため、調停や裁判の手続の場面では、不動産業者の査定書は、価格に対する立証性や信頼性が認められないとされています。

　一方、不動産鑑定の場合は、不動産鑑定士という有資格者が、鑑定それ自体で料金をいただき、法律に基づいて中立的で客観的な不動産価値を評価する業務とされています。

b. 不動産鑑定書の効果的な活用・役立つ場面

　不動産取引をめぐる紛争に関する訴訟の他、地代の増減請求に関する調停、相続関連の手続など、不動産に関してさまざまな裁判手続が起こり得ます。そうした際には、その証拠として不動産鑑定書が必要となるのが一

般的です。

　また、不動産をめぐる訴訟では、裁判所が当事者に和解を勧奨することも珍しくありません。その際、自ら和解案を作成しようとすれば、その内容の合理性についての説明が求められます。その他、破産や会社更生・民事再生なども含め、個人、企業を問わず裁判所が関わるさまざまな場面で鑑定評価が必要とされています。

(3) 私的鑑定と裁判鑑定

　裁判の場面では、私的鑑定と裁判鑑定という用語がよく使われます。ここでは、実務上の両者の取扱いを説明します。

a. 私的鑑定

　私的鑑定とは、当事者の一方が、自ら選任した不動産鑑定士に依頼した鑑定評価書のことです。地代の鑑定では、契約締結の経緯や地代改定の経緯等の事実関係が鑑定の重要な前提となることが少なくありませんが、私的鑑定の場合は、それらの把握が、依頼者である当事者の一方のみからの情報提供によることが通常です。契約内容や合意した事実に当事者間において認識が一致せず争いがある場合は、依頼者と協議のうえ、合理的な一定の前提条件の下に鑑定評価を行うこともあります。

　したがって、その前提条件によって鑑定結果に違いが生じることがあります。

　なお、裁判になると、地代の増減請求をする側に請求の理由を立証する責任がありますので、実務上の手順は、まず請求する側が私的に不動産鑑定士に地代評価を依頼し、鑑定の結果に基づいて、それを証拠資料として裁判所に提出する流れが通常です。私的鑑定では、いかに説得力のある内容であるかが重要で、その内容次第では、今後の裁判の行方を左右することもあります。

b. 裁判鑑定

　これに対して、裁判鑑定（又は「裁判所鑑定」とも言われます）とは、裁判所が不動産鑑定士を選任する場合の鑑定評価書のことです。裁判所は、無論、自ら選任した不動産鑑定士が、公正中立な立場の不動産評価だという立場をとっています。通常、裁判の中で各当事者から鑑定資料が提出されたり、双方の言い分を聞き、議論や意見が十分に煮詰まった頃合いをみて裁判鑑定がとられます。

c. 裁判鑑定への反論

　なお、裁判鑑定の結果が出ると、鑑定基準に違反していたり、明らかな評価ミスがない限り、原則としてその結論を覆すことは難しいと言われています。裁判所から選任された不動産鑑定士は、国が定める鑑定基準に準拠して評価していますし、もともと不動産鑑定士には、鑑定資料や手法の適用時の各種判断について、ある程度の裁量が認められているからです。したがって、裁判所は、自ら選任した不動産鑑定士による公正中立的な立場で鑑定が実施されるものとして、その手法や内容に特別に不合理な点が認められない限り、その結果を尊重するとされています。

　しかし、私的鑑定と裁判鑑定の複数の不動産鑑定士の意見がある場合、どの意見を採用するかについては、裁判所が選任したというだけで、その鑑定結果が信用できるとはいえないので、裁判所は鑑定から判決の結論を導き出した理由の合理性等を総合的に勘案し、鑑定内容の採否を判断する必要があるとされています（判例タイムズ No.1287　2009.3.15　p.235 以下が詳しい）。

　そのため、裁判鑑定について前提となっている事実関係、算定方法に疑問がある場合は、これを裁判所に指摘した上で、裁判所において必要があると判断すれば、裁判所から選任された不動産鑑定士に対して裁判所を介して説明を求めることも少なくありません。

第5章

継続地代の鑑定評価

第1章では、地代の基礎となる知識を説明しました。この章では、地代についての理解を深めるとともに、継続地代の鑑定評価について解説します。本書の要となる章です。

1 地代の性質

　地代には、一般の感覚と少し異なる特徴的な考え方があります。よく誤解されがちな部分について、まとめました。

(1) 賃料の遅行性・粘着性

　地価が上がると賃料が上がるという「元本と果実の関係」については、すでに第1章で説明しましたが、他にも「賃料の遅行性・粘着性」という考え方があります。

　「賃料の遅行性」とは、賃料相場は地価の動きに遅れて変動する特徴のことです。地価は将来の期待値を織り込んで決まりますが、賃料は今の使用収益の価値により決まるからです。

　また「賃料の粘着性」とは、改定する賃料は契約中の現行賃料を基準として決まる特性のことです。したがって、地代については、地価が上がっても急に上がりませんし、仮に上がってもその上昇割合と同じ幅で上がるわけではありません。逆に、地価が急落しても短期的な変動によって地代は変わりません。

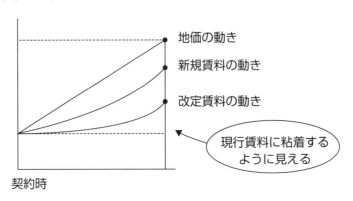

地価の動き

新規賃料の動き

改定賃料の動き

現行賃料に粘着するように見える

契約時

(2) 値上げの勝ち筋

　不動産鑑定による場合、まず地価推移を見れば、地代増額の算定結果が出やすい場合かそうでない場合かが分かります。

a. 直近合意時点と価格時点

　不動産鑑定では、主に「直近合意時点」から「価格時点」の間に生じた変化に注目します。「直近合意時点」とは、現行地代を合意した時点のことです。これに対して「価格時点」とは、価格を判定する基準日のことで、賃料の場合も「価格時点」といいます。要は、今回増額を請求した日のことです。

　なお、直近合意時点については、契約によっていつの時点を指すのかについての判断が難しいことがありますので、その場合は専門家の判断を仰ぐ必要があります。

b. 勝ち筋

　図表1をみてください。値上げが認められやすいパターンを示しています。縦軸が地価、横軸が時間の経過です。

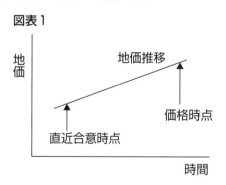

図表1

　この図表では、直近合意時点から価格時点の間、地価が右肩上がりで推

移しています。この場合、増額結果が出やすい傾向があります。なお、あくまで傾向にすぎず、必ずしもそうなるとは限りませんが、1つの目安になります。

c. 地価下落予想

　上記 b. において、近い将来地価が下がると予測される場合であっても増額結果が出やすいのは同じです。例えば、価格時点以降、感染症拡大によって経済活動が停滞し、地価下落の懸念があるとします。**図表2**をみてください。ここでは、直近合意時点を2005年1月1日、価格時点を2020年1月1日とします。無論、将来地価下落が明らかであるときは、鑑定評価上その予測を考慮することになりますが、あくまで主として直近合意時点と価格時点との間の変動を中心に判断されるのが基本です。借地人からは「今後地価下落が下がる見込みだ」と言われることがありますが、理論的には、価格時点以降に地代を減額すべき事情が実際に生じた場合に、改めて減額について議論をすればよいことになります。

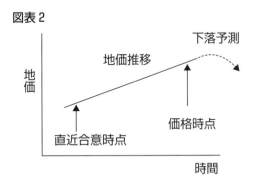

図表2

d. 負け筋の判断

　次に、地代の増額請求したところ逆に減額請求される恐れがある場合です。**図表3**をみてください。地価のボトム期以降、一見すると地価が値

上がりしているように見えますが、直近合意時点の地価が価格時点の地価以上に高い場合があります。この場合、鑑定理論上、地主が不利になる可能性がありますので、交渉では裁判に持ち込まずに、できる限り任意交渉でまとめる方がよい場合があります。強気な交渉は禁物です（注）。

（注）　地代増額が否定された判例として、「平成6年と比較して平成26年6月の時点で、対象路線価、公示価格、都道府県地価調査等の推移が下落しているとして、本件土地の賃料額が不相当に低額となったとは認められない」（東京地判平成28年9月15日・平27（ワ）22408号）とされた事例があります。

図表3

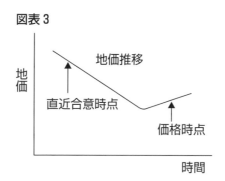

価格時点の地価は、直近合意時点と比較すると下落、ボトム期と比較すると上昇している。

e. 投機的取引の反動による地価下落

　直近合意時点の地価が投機的地価の影響があったと認められる場合、これを理由に減額請求されるのは不合理である場合があります。再度、p.17の図表1（第1章の地価指数）をみてください。平成3年以降の地価下落の継続は、投機的取引の反動といえます。反動による地価下落であれば、直近合意時点と価格時点との間の地価推移を示して、そのことだけを理由に地代の減額はできないと考えられます。この場合、直近合意時点とその従前における各改定時の地代の金額と地価の推移を分析した上、投機的地価と従前地代の相関関係を時系列で調べる必要があります。要するに、現行地代が異常な地価高騰につられたものでなければ、その後の地価下落を

理由に地代減額が認められないということです。

　当時の地価状況を示す資料に「昭和40年代と60年代の地価上昇率は、歴史上まれな暴騰をしめしている。鉄道がしかれる、幹線道路ができる、団地がひらかれる、といううわさだけで一挙に10倍にも、ときには100倍にもはねあがり、しかもそれが、かなり日常的な現象とさえなっている」（篠塚昭次著、幾代通・広中俊雄編『新版　注釈民法（15）債権（6）増補版』　有斐閣　2003　p.633）とあります。また「投機の反動で下落しても、減額をみとめる必要はない」（同 p.641）とされています。

f. 地価推移の調べ方

　ところで地価推移については、インターネットで「東京都の地価 Google マップ版」と検索してみてください。サイト名に東京都と付いていますが、全国の地価に対応しています。対象地の近くの地価公示等のポイントが見つかりますので、それをクリックすると地価推移を示すグラフを容易に入手することができます。気になる方は、一度お試しください。

2 応用知識

(1) 安価だけでは増額請求不可

a. 客観的に低すぎること

　一般的な感覚では、近隣相場よりも安価であれば増額請求できると思われるかもしれません。しかし、実は、現行の賃料が単に相場よりも低いだけでは増額請求を行うのは不十分とされています。法文上、賃料の増減を請求できるのは、賃料が「不相当となったとき」（借地借家法11条1項）と表現されているためです。不動産鑑定でも、直近合意時点と比べて現行賃料が安すぎるかを判断します。「従来と比較して、事情の変化が生じ、

その結果、既存賃料が客観的に低すぎるようになったことが必要」（判例タイムズ No.1289　2009.4.15　p.28）ということです。

　つまり、公平の原則（→第1章）に照らして、現行地代をこのまま継続することが公平であるかどうかという観点です。単に適正地代との格差が生じているだけでなく、その格差が公平の観点から不相当かどうかが問われるわけです。この点「率にして約0.42％の増額にすぎない」として、増額請求が否定された判例があります（東京地判平成14年3月12日）。

b. 事情の変化

　次に事情の変化について説明します。まず**図表4**の左をみてください。この図では、現行賃料は近隣相場より低い金額を示しています。近隣相場より低いので、一見すると増額請求ができそうですが、事情によっては請求できないこともあります。

図表4

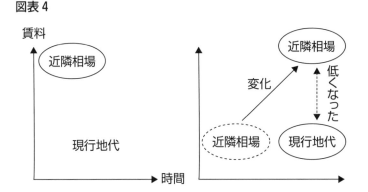

　具体例で説明します。地主は、その親族である借地人の経済的支援を目的として、近隣相場より安い金額で土地を貸したとします。この場合、必ずしも契約上は近隣相場で地代を決めなければならないということではなく、仮に相場よりも安い金額でも当事者同士が合意すればよいわけです。そして、いったん契約した以上は、特別な事情の変化がない限り、地代が

近隣相場より安いという理由だけでは増額の請求はできないということになります。

　次に図表の右をみてください。この図表は、近隣相場の上昇という事情の変化によって現行賃料が近隣相場より低くなったことを示しています。この場合に地代の増額を請求できるとされています。

(2) 一挙数倍の値上げ

　現行地代が安いからといって、一般的には、一挙に高額の値上げは難しい場合が多いと考えます。

a. 単純な倍数問題ではない

　不動産鑑定の実務では、正式な表現であるかどうかは分かりませんが、「激変緩和措置」という言葉を耳にすることがあります。要するに、借地人の支払能力への配慮です。もちろん、単純に現行地代の2倍になるといっても、1.5万円から3万円へと差額1.5万円の場合もあれば、5万円から10万円へと差額5万円の場合もあります。実際、単純な倍数の問題ではなく、値上げの金額幅の問題です。

　ただし、現行地代が極端に低い場合は、単なる倍数や値上げ幅で判断されることはありません。筆者の経験でも、やや特殊ですが、裁判所を介して月額14,400円から85,000円へと一挙に約5.9倍の値上げができた事例があります。この事例では、昭和57年から地代変更が一切なく、地代が公租公課を下回る状態が長年にわたり継続していた事例です。

　このように現行賃料が相当地代と比べて極端に安い金額の場合まで、借地人の支払能力への配慮が必要であるといえない場合もあります。また、借地上の建物が収益物件の場合で、地代の支払原資が家賃収入である場合も同じことが考えられます。このあたりの判断はケースバイケースです。

b. 借地人の資力に配慮

極端な例は別として、一般的なケースでは、一挙に値上げすることが認められる場合でも、借地人と円満に合意の上、必要に応じて、その支払方法について協議した方がよい場合があります。この点「増額の幅を考慮したり、段階的な増額などの方法をとるべきだろう（東京高判平成11.11.30判タ1257-314は、借家事例であるが、賃貸借の当事者の代表者が親子であったため低額であった賃料をその後の賃貸人の変更により特殊事情が変更したとする増額請求を認めるに際し、適正賃料と現行賃料とに倍以上の開きがあった事例につき、公平を理由に中庸値とした原審を支持。」（副田隆重著、稲本洋之助・澤野順彦編『コンメンタール借地借家法［第4版］』日本評論社　2019　p.88）とされています。一挙に値上げする場合は、案件に応じて段階的な地代増額も1つの選択肢になるでしょう。

c. 不動産鑑定での配慮

なお、借地人の支払能力や資力といった事情を不動産鑑定においてどこまで考慮すべきかという問題があります。1つは、借地人の事情による地代の修正作業は、不動産鑑定士が容易にできるものではないので、不動産鑑定ではあくまで不動産の経済価値に見合う適正な地代を鑑定し、最終的には裁判所が決定する部分であるという考え方です。他方は、借地人の事情の判断についても不動産鑑定士の専門的知見が必要とされるので、不動産鑑定において借地人の事情による地代の修正作業をするという考え方です。

どちらの立場をとるべきかについては諸説ありますが、最近では借地人の事情についても不動産鑑定で評価に必要な範囲で考慮するという立場をとることが多いと思われます（国土交通省「継続賃料にかかる鑑定評価上の課題整理」（平成24年3月）p.61以降に詳細あり）。

ただ、実務上、鑑定評価を行う時点で、すべての事情をくみ取ることが

難しい場面が少なくありません。特に、いわゆる私的鑑定において、双方で事実確認についての主張が異なる場合はなおさらです。そうした場合は、やはり最終的に裁判所の判断に委ねることになるでしょう。

(3) 寺院地代の特殊事例

　寺院が地主の地代は、一般的には安価に設定されていることが少なくありません。法人税法上、借地の地代が固定資産税等の３倍以下の場合、寺院には法人税がかからないことになっているためです。

　地代の相場を調べる際、近隣地域及びその周辺地域で、そうした事例を中心に収集すると、適正地代の判断を誤ることになるので、事例収集の際、寺院という特殊な事例が含まれているかを確認する必要があります。もっとも、地代を純然たる収益事業として捉えている寺院もありますので、単に寺院の事例というだけでは一概に判断できません。

　なお、法人税法施行令及び施行規則が、公租公課の３倍以下の収益金額しか得ていない不動産貸付業は、収益事業課税の対象外としていること等を理由にして、地代交渉の際、公租公課倍率の３倍以下の地代は、そもそも低すぎるという主張の根拠に用いられる場合があります。

（関連法規）
　法人税法第２条（定義）、法人税施行令法第５条（収益事業の範囲）、法人税法施行規則第４条（住宅用土地の貸付業で収益事業に該当しないものの要件・固定資産税額及び都市計画税額の合計額に三を乗じて計算した金額以下）

(4) 実際の鑑定具体例

　不動産鑑定には馴染みが薄い方が多いと思いますので、以下、鑑定実例を紹介します。

（事案 1）

所 在 地　　東京都下

地域種別　　住宅地

地積規模　　130㎡

鑑定結果　　公租公課の 3.0 倍（従前地代 2.4 倍）

【コメント】

　地主が代替わりして、従前の借地関係を見直すことを決意。

【交渉結果】

　鑑定評価書に基づいた任意の話合いにより、鑑定額で合意。複数の借地があるため、先代地主は借地料まで目が行き届かなかった。

（事案 2）

所 在 地　　東京都 23 区内

地域種別　　商業地

地積規模　　300㎡

鑑定結果　　公租公課の 8.5 倍（従前地代 6.8 倍）

【コメント】

　対象となる地代は、駅前商店街に存する店舗付共同住宅の敷地。鑑定の結果、適正地代は固定資産税に対して高倍率となったが、敷地全体に固定資産税の住宅軽減が適用されている事例。

【交渉結果】

　鑑定評価書に基づいた任意の話合いによって鑑定額で合意。

3　新規地代と継続地代

　ここまで、適正地代という言葉を使ってきましたが、不動産鑑定における適正地代には、「新規地代」と「継続地代」の 2 つの定義があります。

(1) 新規地代

　新規地代とは、新しい借主に貸すときの適正な地代のことです。新規地代は、市場経済の中でモノの値段が決まるのと同様、需要と供給によって地代金額が決まります。当事者の合意によって決まるため、あまり争いは生じません。なお、借地については、現在新たに借地として貸し出すことは稀ですので、鑑定評価を行う際には、新規に貸し出しすることを想定して求めることが多くなります。

(2) 継続地代

　これに対して、継続地代とは、更新時かどうかにかかわらず契約期間の途中で現に継続している地代を改定する際の地代金額のことです。継続地代は、そのときの需要と供給によって決まるものではなく、従前からの当事者同士が直接向かい合う形式で決まることから、当事者間のみにおいて成立する金額になります。

　なお、継続地代を上回る新規地代の金額を提示して、増額請求する事例を稀にみることがありますが、裁判では継続地代を超える部分については評価理論的な裏付けを欠き、理由がないものとして扱われます（**図表5**参照）（東京地判平成28年11月8日）。

図表5

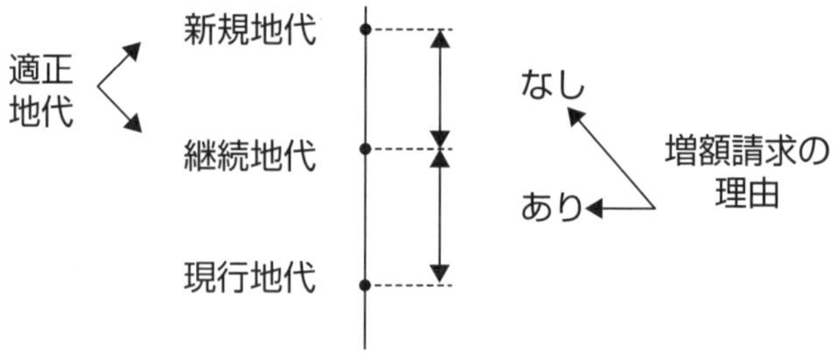

4 継続地代の鑑定手法

継続地代を求める鑑定手法には、鑑定基準では、差額配分法、利回り法、スライド法、賃貸事例比較法が定められています。そのほかにも鑑定基準に定められた手法ではありませんが、補助的手法として、公租公課倍率法、平均的活用利子率法があります。

なお、ここからは少し専門的な内容になりますので、難しく感じる読者は、とりあえず読み飛ばしてかまいません。実際の不動産鑑定書が必要となったときに読むことをおすすめします。

(1) 差額配分法

差額配分法とは、要するに、現行地代と新規地代との差額のうち、地主への配分額を査定して現行地代に加算して求める方法です。**図表 6**を見てください。

図表6

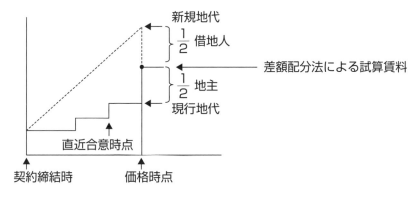

まずは概略的に理解するため、簡単な計算式を示します。新規地代が月額10万円、現行地代が月額4万円とすると、その差額は6万円です。

新規地代		現行地代		差額
100,000 円	−	40,000 円	=	60,000 円

　差額6万円を地主と借地人とが双方で等しく折半すると、差額配分法による試算は次のとおりです。

差額		現行地代		差額配分法による試算賃料
60,000 円	× 1/2 +	40,000 円	=	70,000 円

　なお、「試算賃料」としているのは、最終的に鑑定額を決定する前段階の試みの計算という意味があります。

1) 正常実質賃料

　差額配分法を求める過程で新規賃料を求める必要があるので、まずは新規地代を求めるところから説明します。

　正常実質賃料とは、市場原理下での適正な新規賃料のことです。正常実質賃料は、一般的には、次の式で求めます。

$$\text{正常実質賃料} \atop (\text{新規地代}) = \overbrace{\text{基礎価格} \times \text{期待利回り}}^{\text{純賃料}} + \text{土地の公租公課}$$

a. 基礎価格

　基礎価格とは、計算の基礎となる土地価格のことです。採用する基礎価格は、底地価格の場合と更地価格の場合とがあります。「底地価格」とは、借地権が設定された土地所有権の価格のことです。「更地価格」とは、建物もなく、使用収益を制約する権利もないまっさらな土地のことです。すなわち、更地価格の方が底地価格よりも高くなります。

① 基礎価格を更地価格とする場合

　新規に土地を貸し出す場合の基礎価格は、契約当初に地主が権利金を受け取っていない契約では、原則として更地価格となると考えられます。権利金を受け取っていない契約とは、契約設定時にまとまった金額の授受がない契約のことです。

② 基礎価格を底地価格とする場合

　しかし、借地権の取引慣行が成熟している地域で、当事者間において借地権が強く意識されている場合には、実務上、底地価格を用いることも少なくありません。土地を処分する際も、一般的に更地価格相当額の対価を得ることはできず、借地権の付着した底地価格相当額の対価しか得られないという観点から、底地価格を基礎とすることは、むしろ合理的といえます。

　そうすると基礎価格は、原則として借地権に相応する部分を控除した底地に対応する価格となります。もちろん、更地価格を基礎価格とすることも理論上間違いではありませんが、いずれにしても期待利回りの査定においては、「基礎価格に対応する期待利回り」が採用されることになります。期待利回りとは、基礎価格に対して期待される純収益の割合のことです。

③ 基礎価格に対応する期待利回り

　基礎価格に対応する期待利回りについては、かなり専門的ですので補足説明が必要でしょう。ごく単純に言えば、客観的なデータを根拠にして「土地価格」に対して期待される賃料が「年額20万円」だと査定されたとします。仮に「更地価格」が1,000万円だとすると、年額20万円は「更地価格」に対して2%（年額20万円÷1,000万円）となり、これが「更地価格に対応する期待利回り」です。

　また、同更地価格を底地に換算した価格が仮に400万円だとすると、年額20万円は「底地価格」に対して5%（年額20万円÷400万

円）になり、これが「底地価格に対応する期待利回り」ということになります。なお、期待利回りの求め方については、下記 b. で詳述します。

④ **契約減価**

　なお、基礎価格は、対象地の賃貸借契約を前提とした価格になりますので、契約によって土地の使用収益に制約がある場合の基礎価格は、制約を受けていない価格よりも低くなります。これを契約減価といいます。1つ具体例を示すと、中高層堅固建物の利用が多い地域に存するにもかかわらず、契約によって低層木造建物の利用に限定している場合が当たります。

　　図表7

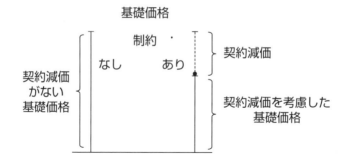

b. 期待利回りの求め方

　期待利回りは、対象不動産と比較可能な不動産利回り、市中金融利回り等を指標とし、本件借地の特性等を総合的に勘案して査定されます。具体的には、不動産の利回りと密接な関係にある長期国債利回りを用いることが少なくありません。この場合、底地の保有・運用が長期にわたることを考慮して、長期的な平均レートを用いることが一般的です。なお、広義の借地権として、一般定期借地権の利回りを指標とすることもあります。ただし、定期借地権は完全所有権の回復可能性が担保されているのに対し

て、旧法借地権は半永久的に継続し、不確定要素があるという違いがあります。そのほか継続地代の実態調査データを用いる場合もあります。

いずれにせよ各指標ごとの特性を慎重に検討して、期待利回りが査定されます。

c. 純賃料

純賃料は、基礎価格に期待利回りを乗じて求めます。純賃料とは、経費を除いたネット（正味）の賃料のことです。

d. 正常実質賃料

純賃料に経費である土地の公租公課の額を加算し、正常実質賃料（年額）を査定します。

2）実際実質賃料

実際実質賃料とは、実際に地主が受け取っている全ての経済的対価のことです。借地の場合は、通常、保証金等も授受しないので、実際実質賃料は実際支払賃料（現行賃料）と同額になることが少なくありません。しかし、一時金として権利金や前払地代に相当する更新料等の授受がある場合で、その金額の全部又は一部が実質的に賃料であると認められるときは、その運用益及び償却額を計算して現行賃料に加算することにより実際実質賃料が査定されます（**図表8**参照）。

3）賃料差額の配分

1）と2）の差額のうち、地主に帰属する配分を判定します。一般的な配分方法には、折半法（2分の1法）、3分の1法などがあります。

折半法とは、公平の観点に基づく方法です。また、賃料が大幅な増額となる場合は、3分の1法を用いる事例もみられますが、この手法はもとも

図表 8

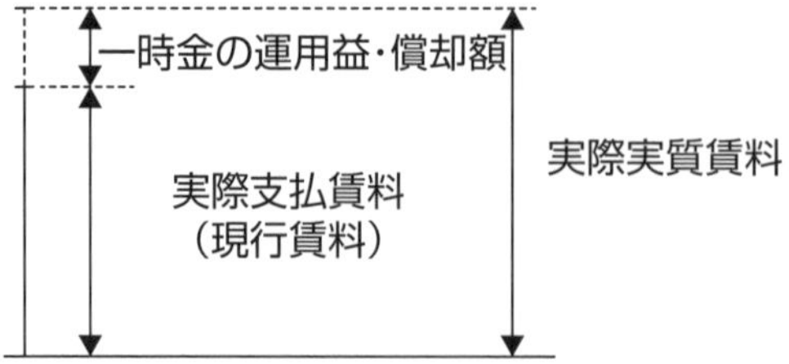

とバブル期の地価の異常な高騰期に賃料の急激な増額を避けることを目的としたものといわれています。

　配分方法は、賃料差額が生じた理由について考察の上、事案に即した方法が採用されます。例えば、賃料差額が大きくなっている理由が、長期的に改定の申入れを怠った地主にあるのか、あるいは交渉を拒んだ借地人にあるのかを検討していくわけです。さらに契約締結からの地価推移を分析するなど総合的に勘案して、賃料差額の解消を一挙に図るのがよいか、借地人の負担をどの程度考慮するべきか、当事者間における契約の個別性等を勘案して配分額が判定されることになります。

　なお、この判断は、不動産鑑定士の裁量が認められている部分として、客観的合理的な判定が求められていますが、単に機械的、形式的に配分方法を採用することは認められていません。

4）差額配分法による試算賃料

　実際実質賃料に賃料差額のうち地主への配分額を加算して、差額配分法による試算賃料が求められます。

(2) 利回り法

　利回り法とは、簡単にいうと、直近合意時点における土地価格と賃料との割合を踏まえて査定した割合を価格時点の土地価格に乗じて求める方法

です。**図表9**をみてください。利回り法の概略図です。元本に当たる土地価格の上昇に応じて当然その分利息に当たる賃料が上がるはずだという考え方に基づきます。

利回り法の基本式は次のとおりです。

> 利回り法による試算賃料＝基礎価格×継続賃料利回り＋土地の公租公課

図表9

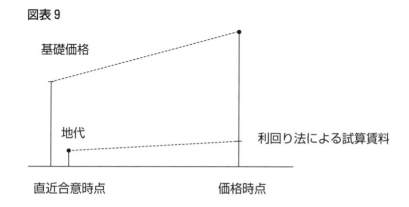

基礎価格については、差額配分法で説明したとおりです。以下、継続賃料利回りについて解説します。

1) 継続賃料利回り

継続賃料利回りは、直近合意時点における基礎価格に対する純賃料の割合を踏まえて、必要に応じて適切に補正して査定します。

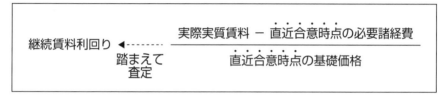

（a）**直近合意時点における必要諸経費**

　　必要諸経費は、土地の公租公課のみです。直近合意時点における土地の公租公課の額が不明であるときは、固定資産税路線価等に基づいて査定します。

（b）**直近合意時点における純賃料**

　　実際実質賃料から直近合意時点における必要諸経費を控除して、直近合意時点における純賃料を求めます。

（c）**直近合意時点における基礎価格**

　　直近合意時点の基礎価格は、土地の取引事例の収集等が難しい場合が多いため、実務上、価格時点における基礎価格に対して公示地価等の変動率から求めた時点修正率を乗じて、直近合意時点における基礎価格を査定することが多くなります。

（d）**継続賃料利回り**

　　直近合意時点における基礎価格に対する純賃料の割合を踏まえて、比較可能な様々な利回りと比較検討し、継続賃料利回り（年率）を求めます。

2）利回り法による試算賃料

　価格時点における基礎価格に継続賃料利回りを乗じて、更に価格時点における必要諸経費である土地の公租公課を加算し、利回り法による試算賃料が求められます。

(3) スライド法

　スライド法とは、要するに、経済事情の変動が地代の金額に及ぼす影響を考慮して算定する方法です。第1章②（1）「値上げが請求できる場合 d. その他の経済事情の変動」（→ p.21）で説明した内容を鑑定手法において具体化するものです。

スライド法の基本式は、次のとおりです。

> スライド法による試算賃料 ＝ 直近合意時点の純賃料 × 変動率 ＋ 土地の公租公課

なお、**図表10**はスライド法の概略図です。

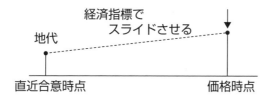

図表10

スライド法による試算賃料

1）変動率

　直近合意時点の純賃料は、すでに利回り法において説明しました（→ p.124 1）（b）を参照）。ここでは、変動率を査定します。変動率は、土地価格の変動、物価変動、所得水準の変動等を示す各種指数や不動産インデックス等を参考に求めます。

　具体的には以下の指標があります。なお、これらの変動率をその特性に応じて加重平均する方法をもって査定されるのが一般的です。

a.　土地価格の変動

　土地価格の変動を示すものとして、公示価格等の不動産価格指標があります。不動産の価格（基礎価格）は、賃料を決定する大きな要素の1つとなり得ます。

b.　物価指数

　物価指数は、家計の可処分所得と消費財供給者である企業の生産コスト

の社会的均衡点を示しています。

　代表的なものに、消費者物価指数があります。消費者物価指数は、個人
対個人の土地賃貸借における地代の負担能力と相関関係が認められる指数
であると考えられています。

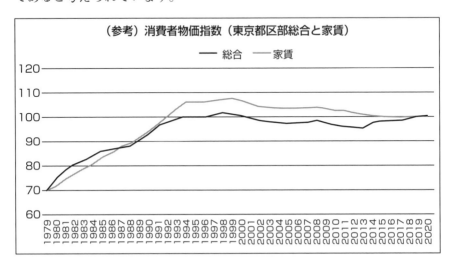

　また、企業向けサービス価格指数についても、個人対個人の土地賃貸借
における賃料水準には、個人対企業又は企業対企業の土地賃貸借における
賃料水準が影響を及ぼす部分もあると考えられるため、企業向けの指標が
用いられることもあります。

c. 国内総生産（GDP）

　地代の変動は国全体の経済変動である国内総生産と一定の比例関係にあ
ると考えられるため、国内総生産（GDP）が用いられることもあります。

d. その他

　市町村の人口動態、最寄駅の乗降客数なども指標になり得ます。

2) スライド法による試算賃料

　直近合意時点における純賃料に上記変動率を乗じて、更に価格時点における必要諸経費を加算し、スライド法による試算賃料が求められます。

(4) 賃貸事例比較法

　賃貸事例比較法は、近隣地域及びその周辺地域において同種の土地の継続地代の賃貸事例に基づいて、事情補正、時点修正、地域や個別要因（契約事情を含む）の格差修正を施して、市場性を根拠とした試算賃料を求める手法です。

　実務上、継続に係る適切な賃貸事例を入手することが困難である場合も多く、その適用を断念せざるを得ないこともありますが、その場合でも賃貸事例を補完するものとして、同地域内おける底地や借地権等の取引事例を多数集計し、事例に係る賃料データを用いるなどの工夫がされていると説得力が高まります。

(5) 補助的手法

1) 公租公課倍率法

　公租公課倍率法とは、対象土地の固都税の合計、つまり固定資産税と都市計画税の合計額（月額換算）に一定の倍率を乗じて月額賃料を求める手法です。

　この手法は、実務上、慣行的に用いられることが多く、簡便さもあって支持されることが少なくありません。鑑定基準では、賃料を求める鑑定評価の手法につき、差額配分法、利回り法、スライド法、賃貸事例比較法「等がある。」とし、継続賃料を求める場合の留意事項として、公租公課（中略）の変動等を挙げているので、公租公課倍率法を具体的に定めていないとしても、その適用を排除するものではないと考えられます。しかし、必ず適用しなければならないものではありません。

なお、不動産鑑定において、この手法の採否や考慮の程度等について
は、専門家である不動産鑑定士の合理的な裁量に委ねられていますが、一
般論として、鑑定基準に定められた他の4つの方法と同等の価値をもった
手法として適用することは難しいと考えます。むしろ、賃貸事例比較法によ
る試算賃料や鑑定評価額を検証する目的で適用される方が適しています。

2) 平均的活用利子率法

　平均的活用利子率法とは、日税不動産鑑定士会発行の「継続地代の実態
調べ」の「継続地代の平均的活用利子率」を用いて継続賃料を求める手法
です。平均的活用利子率とは、要するに、土地価格に対する地代の金額の
割合のことです。

　ただし、同資料は、東京都23区に限定されているほか、同一区内のサ
ンプル数が極端に少ないこともあるため、実務上これを基準にすることに
疑問を感じることが少なくありません。同資料自身も認めているとおり、
一応の目安として取り扱うべきものでしょう。

5 鑑定評価額の決定

(1) 再吟味

　各試算賃料が出揃った段階で、改めて各手法を再吟味します。

a. 差額配分法

　差額配分法については、価格時点における新規賃料と現行賃料との開差
を明らかにし、両者の間で契約当事者が納得する賃料を公平の観点から見
い出すものとして理論的妥当性がありますが、以下の短所があります。

①　算出過程において、更地価格、基礎価格、期待利回り、必要諸経費

を精確に把握するにもかかわらず、最終段階において、2分の1、3分の1などと大雑把に分ける手法であり、配分率の査定に客観性を見出し難い。

② 現行地代と新規地代との差額である「賃料差額（借り得部分）」が借地権価格を形成して借地人に帰属しているとする理論的立場に立てば、賃料差額が一定以上縮小すると、借地権価格の形成を見い出し難くなる。

③ 更地価格が大幅な価格上昇局面にある場合など、差額配分法の仕組み上、試算賃料が異常な高値に算出されてしまうことがある。2分の1未満の配分を採用するときは、試算賃料が高すぎて手に負えないときのさじ加減の手段になっている場合がある。

b. 利回り法

利回り法について、従前に合意した賃料と元本価格（基礎価格）との比率を踏まえた継続賃料利回りを価格時点の基礎価格に乗ずることで、従前に合意した契約当事者の個別具体的な事情を尊重し、改定賃料に反映させる点において理論的妥当性がありますが、以下の短所があります。

① 基礎価格と賃料の変動はパラレル（平行）でないことが一般的である。

② 従前に合意した賃料と基礎価格との比率が様々な利回りと比較して不合理である場合、適切に補正できないことがある。

③ 従前に合意した基礎価格が地価高騰期又は投機的な地価形成期にあると認められる場合、基礎価格と賃料の割合が極端に低くなるため、必ずしも適正な利回りとは言えないことがある。

c. スライド法

スライド法は、従前に合意した賃料を基礎とし、その後の経済的事情等

の変化があった分だけ改定賃料に反映させる点で説得力がありますが、以下の短所があります。

① 変動率の算定において「土地価格の変動」を重視しすぎると利回り法による試算賃料と大差がなくなることがある。

② 変動率にマクロ的な指数を用いると、対象不動産の存する地域の特性や対象不動産の個別性を試算賃料に反映させることは困難である。

③ 従前に合意した賃料がもともと低廉である場合、スライド法の仕組み上、それを補正することが難しく、著しく低位に求められることがある。

d. 賃貸事例比較法

賃貸事例比較法は、市場性を示す試算賃料として、類似の不動産がどの程度の水準で賃貸されているかを見極めることにあり、賃料改定の必要性を判断する材料となる利点がありますが、以下の短所があります。

① 類似する信頼性の高い事例が得られ難いことと、契約事情を適正に比較することが難しいことから、ある程度幅を持たせた試算になりがちである。

② 手法の仕組み上、他の手法のように公租公課の上昇分を直接反映できない。

e. 公租公課倍率法

公租公課倍率法は、不動産業界で地代決定の際に公租公課倍率法を主軸に据えることが多く、地代に占める公租公課の割合が地域、用途ごとに一定となる傾向があることから、その逆数である公租公課倍率を用いるものとして、極めて簡便な方法であるため、一般に強く支持されていますが、以下の短所があります。

① 手法の仕組み上、対象の賃貸借契約の個別性が一切反映されない点

に問題がある。

②　調査したサンプル数が少ない場合は、客観性の確保が難しく、事例の個別事情を考慮しない倍数によって継続賃料を決めるのは大雑把に過ぎるし、改定を要する安価な事例を多く含む場合は、単に安価な地代を容認することになりかねない。

③　借地上の建物が、商業地域内にある住宅用途又は住宅地域内にある事業用途の場合、課税区分による税額差が大きいため適用が難しい。

(2) 説得力

上述のとおり、各手法とも一長一短あり、対象となる事案に即して、各手法による試算賃料の説得力の優劣を判定します。

ここでは、具体的に「現行地代が公租公課の金額を下回る事案」を例にあげて説明します。

（具体例）
　本件賃貸借契約においては、a. **差額配分法**により算出された賃料差額が現行賃料額の３倍を超える額にまで至り、また、直近合意時点での純賃料利回りがわずか0.50パーセントにとどまる事態が生じたのは、直近合意時点における本件土地の価格が異常に高騰していた一方で、同時に、もともとの賃料額が不合理に低額に抑えられていたこと、すなわち、本件賃貸借契約において土地の価値のうち貸主に配分されていた部分が小さかったことによると判断できるから、本件賃貸借契約には、その意味で特異な点があると認められる。したがって、差額配分法において、地主への差額の配分を２分の１と判定することは、鑑定評価における裁量に照らし、不合理なものであるとはいえないし、むしろ合理的であるので、差額配分法は説得力は高い。
b. **利回り法**は、従前に合意した利回りを尊重しながら、経済情勢の変化を元本価値の変動という形で反映させた手法である点において、c. **スラ**

イド法は、従前に合意した純賃料を尊重しつつ、経済情勢の変化を賃料に反映する手法であって指数等の客観的指標に基づく点において、いずれも一定の説得力を有するものの、本件においては、現行賃料が公租公課を下回る安価なものであるので、当該賃料を基礎とした両手法の説得力は低い。

d. 賃貸事例比較法において採用した継続地代の賃貸事例は、借地権の態様や借地契約の個別性に大きく左右される場合が多く、補正が困難な側面があるとはいえ、特に本件の場合では、一応の市場性を示すものとして一定の説得力がある。

(3) 鑑定評価額の決定

上記の手順を十分尽くした上、最終的に鑑定評価額が決定されます。決定方法については、以下のように各試算賃料を説得力に応じて加重平均する方法が一般的です。

（具体例）
a. 差額配分法を重視して50％、b. 利回り法及びc. スライド法を各10％、d. 賃貸事例比較法を30％の割合で加重平均する方法をもって、鑑定評価額を決定した。

第6章

借地の整理

　本章では、借地の整理について解説します。借地の整理とは、借地契約を解消することです。借地権は地主を悩ませる問題ですが、同時に借地人にとっても借地上の建物の利活用を行う際は頭の痛い問題です。そのため土地利用の変化をきっかけに借地整理の方向に急展開することがあります。借地整理は地主にとってもメリットが大きいものです。

　一口に借地の整理といってもさまざまなケースが想定されますので、ここでは 3 つのケーススタディを用意しました。

1 概説（全体像）

(1) 現状把握

　まず借地整理の現状について把握しておきましょう。**図表 1** を見てください。これは国の総務省統計局から公表されている「住宅・土地統計調査」のうち、住宅の借地権数、定期借地権などの全国推移です。表中に一般借地権とありますが、一般借地権という言葉は法律の定めがない用語のため詳細は不明ですが、定期借地権と区別されていることから「旧法借地権・新法借地権」のことを示していると思われます（新旧借地権は第 3 章参照）。新法借地権は実務上あまり見かけませんので、統計上の一般借地権の数の大半は旧法借地権だと推測されます。また、この統計はあくまで住宅の数ということですので、事業用の借地権はカウントされていません。

　さて、この統計を見ると次のことが分かります。

① 借地の整理が進む一方で、やっかいな借地が残る

　　一般借地権の数は、減少傾向にあります。やはり 1 つの宅地に地主と借人がいる状態というのは健全ではないということです。

　　また、統計上残っている借地契約は、地代が安価であるなど借地人にとって有利な契約条件であると言えるでしょう。

② 定期借地権が増加

　　定期借地権の数は増加傾向です。定期借地権は期間満了後に必ず契約が終了するので、地主は土地を貸しやすくなったということです。

　　一般的に、地主の持つ規模の大きな宅地に定期借地権が設定される傾向があることから、数の増加は、定期借地権付き分譲マンションや

分譲戸建ての供給戸数が影響していると推測されます。

③ 所有地が増加

　所有地が増加しています。相続などで規模の大きな宅地が売却された後、宅地分譲されたり又は分譲マンションが建設されたためでしょう。

図表1
住宅の借地権数等の措移（全国）［総務省統計局「住宅・土地統計調査」］

年	一般借地権		定期借地権		所有地	
1988	2,127,800				20,820,400	
1993	2,094,500	-1.6%			22,281,700	7.0%
1998	1,803,200	-13.9%	31,100		24,695,900	10.8%
2003	1,579,100	-12.4%	142,000	356.6%	27,105,200	9.8%
2008	1,170,400	-25.9%	121,000	-14.8%	29,037,100	7.1%
2013	1,034,200	-11.6%	137,600	13.7%	30,981,900	6.7%
2018	873,600	-15.5%	165,200	20.1%	31,834,900	2.8%

(2) 借地整理の方法

　借地整理の方法は、大雑把に言えば、「買う」「売る」「交換する」です。これらを組み合わせることでさまざまな選択肢がありますが、どのような方法をとる場合でも、「いくらで売りたいのか（いくらのお金が必要か）」「いつまでに整理したいのか（期限が迫ってないか）」「どのくらい手間をかけるか（借地人との交渉を含む）」を明確にして、優先順位をつけることが大切です。

　高い金額で底地を売るなら、手間暇はかかりますが借地人に売却することです。手っ取り早く借地人との関係を解消するなら、底地を第三者に買い取ってもらえばよいでしょう。手間暇をかけてさらに高く売る方法は、

借地人から借地権を買い取って時機を見て完全な所有権として売ることです。

　このようにさまざまな借地整理の方法がありますが、実務上よく用いられる方法は以下の4手法です。図を示しつつ先に概要を説明します。

a. 借地権の買取り

　借地人から借地権を買い取る方法です。借地権は法的保護が強いことから、借地人の方から借地権を手放したいという相談をきっかけに検討を始めることが通常です。買取価格次第ですが、地主が取得後に土地を有効活用できる場合には有効な方法になり得ます。

　後述のケーススタディで紹介します。

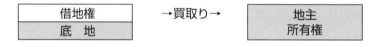

b. 底地売却

　底地を売却する方法です。売却相手は借地人が理想ですが、借地人に売却できない場合は第三者に売却することになります。第三者に売却する場合は、借地人との交渉が一切不要であることが最大の特徴です。高い金額での売却は望めないにせよ、売却すること自体は容易であるため実務上最もよく見かける方法です。急いで売却したい場合は有効な手段になり得ます。

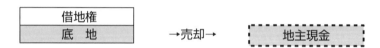

c. 等価交換

　底地と借地権を等価交換して完全な所有権にする方法です。敷地規模が大きく間口が広く敷地を分割できるなど一定の条件が揃えば、お互い完全所有権の土地を取得することができます。

　後述のケーススタディで b. 売却と c. 等価交換を併せて紹介します。

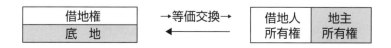

d. 共同売却

　借地人と協力して、底地と借地権部分について第三者に1つの所有権として売却する方法です。底地単独で第三者に売却する場合、底地は流通性が低いことから売却先が限られてしまいますが、底地と借地権を一緒に売却すれば購入者にとって完全所有権の土地を買うのと同じなので、高い金額での売却が望めます。

　後述のケーススタディで紹介します。

　では、4手法を具体的に説明します。最初にケーススタディを紹介し、その後で事案に即したポイントを解説します。

ケーススタディ1
借地権買取事例

■地主の事情

　地主が借地権を買い取るというのは、地主の私の立場からすると、少し釈然としないものがあるのは確かです。貸している側がその土地を必要になったから返してくれと言うのであれば、立退料みたいな形でお金を払うのは致し方ないかもしれませんが、借りている方が借りる必要がなくなったというのであれば、返せばよいだけのようにも思います。

　しかし、そういうものでもないようです。土地を利用する権利、つまり借地権には、それ相応の価値があり、所有権とはまた別の独立した権利だというのです。土地を使える権利というのは、それだけ大切な権利ということなのでしょう。土地を貸すときには、そういうこともしっかりと考えておかなければならないのですね。

それはともかく、地主である私が借地権を買い取った経緯をお話ししましょう。

私は、新宿から私鉄で約10分ちょっとの駅前商店街に住んでいます。自宅は、250㎡ほどの土地に建つ3階建てのビルの3階で、息子と2人で暮らしています。1階と2階はクリニックです。このビルと土地は、3年前に亡くなった夫から相続しました。他に隣接する3筆の土地も相続しましたが、それらの土地は以前から借地になっていました。今回、その内の1つ、うちの隣で洋菓子店を営んでいらっしゃった芝崎さんから借地権を買い取ることになったのです。

■借地人の事情

芝崎さんの奥様が昨年亡くなられました。芝崎さんは奥様と2人で洋菓子店を経営していました。従業員もバイトの方も含めると多いときには10人近くいましたでしょうか。でも、奥様を亡くされた後、店を閉めてしまわれたのです。芝崎さんは、私より少しお若いはずですが、既に70歳を超えておられたはず。奥様を亡くされたショックが大きかったようです。少し離れたところに住んでいる息子さんから一緒に住まないかと言われ、その気になったようなのです。

芝崎さんは、自宅兼店舗だった建物を売ろうとされました。売れた際には借地権譲渡の承諾をお願いすると、私のところにも挨拶に来られました。奥様との思い出の詰まった家を売るのは忍びない思いもあるものの、そこに1人で住む方がもっと辛いと仰っていました。私も、数年前に夫を亡くしておりますので、芝崎さんのお気持ちは分かります。売却は、同じ商店街のはずれにある不動産屋の倉田さんに仲介をお願いしたそうです。

しかし、なかなか買手が見付からなかったのです。商店街の中で場所柄も悪くないので、不動産屋の倉田さんもすぐに買手が見付かると

思っていたようでした。喫茶店も兼ねた洋菓子店を営んでおられましたから、飲食店の方がいわゆる居抜きで買ってくれるのではないかと考えていたようです。でも、建物自体が少々古かったためになかなか買手が見付からなかったのです。立地は悪くないので借地権自体はそれなりの価格になる上に、建替えや改装を考えると費用的になかなか難しいものがあって買手の方が躊躇したようです。

■借地権買取の申入れ

　そうした経緯で、芝崎さんは倉田さんと一緒に私のところに来られ、地主である私の方で借地権を買い取ってもらえないかと仰ったのです。場合によっては、建物の解体費用は芝崎さんが負担なさってくれるとも。私としても、お隣さんの芝崎さんのご希望にはできるだけ沿ってあげたいとは思うものの、倉田さんが仰るには、地主が買い取る場合であっても、それなりのお値段ということのようです。お支払いすることができないわけではないとは思うのですが、私の方としても、それまで芝崎さんにお貸ししていた土地をどうするか、という問題がありました。

■身近な人への相談

　私がこの話を息子にすると、息子は「まずは身近な人、例えば、好美さんに相談してみたら？」と言うのです。

　好美さんとは、近所の尾田税理士事務所の事務をしている方です。といっても、その事務所の主で税理士の信治さんの娘さんです。大学を卒業して銀行に勤めて、その銀行の方と結婚されて退職したのですが程なく離婚され、今はお父様のお手伝いをされています。

　それにしても、息子が、税理士の信治さんではなく、娘の好美さんに相談するように言うのもおかしな話です。彼女が私とお茶飲み友達

みたいなところがあるから、そう言ったのかもしれませんが、実は、うちの息子、どうやら近頃、好美さんと少しお付合いしているようなのです。だから、好美さんに相談しようと言うのかもしれません。息子も昔は付き合っていた女性もいたようなのですが、結果的に40歳になるまで独身です。好美さんは離婚経験があるといっても、お子さんもいらっしゃらないようですし、気立てのよい利発なお嬢さんですから、私としても何の不満もないどころか、できれば、お嫁に来てくれれば嬉しいとさえ思ってます。あら、これは余計なお話でした。

　結局、私は、高校の教師をしている息子の身体が空く土曜日の夕方、息子と一緒に尾田税理士事務所を訪ねました。お父様の信治さんは、すぐに戻ってくるということでしたが、まずは好美さんに、芝崎さんから借地権の買取りを提案されていることをお話しました。

　すると、息子の秀一が、芝崎さんに貸していた土地と今のうちのビルが建っている土地にビルを新築、つまり建て替えたらどうかと言い出しました。さらに、息子は「うちは旧耐震だし」と。うちのビルは、息子がちょうど生まれた頃に夫の父が建てたものですが、息子が言うには、建てた当時よりも今の耐震基準が厳しいのだそうです。新しい耐震基準に適合した建物に建て替えれば、もっと高い家賃を貰えるというのです。

　好美さんは「新しい建物を建てるとなると、お金もたいへんよ」と言います。すると、息子が「新しい建物を建てれば、家賃収入も増えるから返済も可能だよ」と。言われてみれば、そのとおりかもしれません。3人であれこれと話していると、好美さんのお父さん、信治さんが戻ってきました。

■相続税対策

　信治さんにも話をすると、「豊川さん、そろそろ相続税対策をして

も良いのでは？」と仰るではありませんか。

　言われてみれば、夫に先立たれたとき、遺言で不動産は全て私が相続して私の名義にしたのですが、その際、たくさんの相続税を支払ったことを思い出しました。相続税の支払いのために、幾つかの土地を売ったりもしました。家族を亡くした者から多額のお金を取るなんて、税金というものは国の制度とはいえ、厳しいものだと思ったものです。私は、信治さんに訊きました。「相続税の節約ってできるの？」と。

　信治さんが言うには、新しいビルを建てるために借金をすれば、借金はマイナスの財産として相続されることになって、全体としての相続税の対象になる相続財産が少なくなるので、節税になるらしいのです。夫の相続のときにも信治さんにお世話になっていたので、そのときの資料を見ながら説明してくれました。あのときは、ある意味、無借金だったのが相続のときに災いしてしまったようなのです。

　そうなると、どんな建物を建てたらいいのか、さらには、芝崎さんから借地権を買い取るにしても幾らで買えばよいのか分かりません。息子も高校の教師ですし、その手のことには疎いのです。元銀行員だった好美さんに言わせると、銀行や不動産屋さんは、それぞれの立場で考えるところがあるから、できるだけ中立的な立場の人に相談するのが良いとのことでした。信治さんは、だとすれば不動産鑑定士かな、というのです。不動産鑑定士というのは聞き慣れない言葉でしたが、要は、不動産の価格を調べて鑑定する資格を持った方だそうです。

　信治さんのお付合いのある鑑定士の人は、国や自治体のお仕事を主にやっておられて、コンサルタントのようなことはやってる人はいないというので、好美さんが何人かインターネットで不動産鑑定士さんを探してくれました。

■専門家へ相談

　数日後、好美さんが探してくれた中から、息子が電話してみた感じで当たりを付けた不動産鑑定士事務所に相談に行くことにしました。そして、借地権の買取価格の鑑定を依頼するのと一緒に、買い取った後の土地の利用方法についてのプランを考えてもらうことになりました。

　それからしばらくして不動産鑑定士の方は、2つのプランを提案してくれました。1つは、芝崎さんに貸していた土地の建物を建て替えて、コンビニを誘致するプラン。もう1つは、今の自宅の土地と合わせて今よりも大きな自宅ビルの新築です。無論、自宅ビルの新築の方がお金はかかりますし、時間もかかります。でも、相続税対策にはそちらの方が良いとのこと。

　息子は、父親に似たのか、金銭的には堅実です。子供の頃から無駄遣いをするようなことはほとんどありませんでした。ただ、母親の私が言うのも変ですが、堅実なのは良いのだけど、少々冒険心が足りないところがあります。最初に建替えを言い出したくせに、いざとなると、多額の借金をすることに少し尻込みしている様子です。でも、自分が死んだ後のこととはいえ、息子が相続税のために夫がせっかく遺してくれた土地を失うのは、私としてはとても嫌です。ですから、自宅ビルの新築のプランに決めました。息子も、母さんが言うのだったら、と納得してくれました。

■借地権買取りから新築へ

　それからが大変でした。借地権買取りの交渉に、銀行への融資交渉。息子がせっせとやってくれました。今回の件のきっかけとなった芝崎さんは、借地権の買取手続が済むとまもなく引っ越していきまし

た。長くお隣さんだっただけに少し寂しい気もしました。

　次は、私たちの引っ越しです。自宅を建て直している間の仮の住居です。ちなみに、今まで1階と2階に入っていたクリニックは、新しくできるビルの3階に入る予定です。フロアが広くのなるので1フロアだけで十分だそうです。今度のビルは4階建てで、1階にコンビニ、2階に飲食店で、4階に私たちが住みます。エレベーターも付けることにしました。私としては必要なのか少し疑問でしたけど、3階のクリニックへ行く患者さんもいますでしょうし、息子に言わせれば私のためでもあるそうです。正直なところ、私も今まで3階まで階段で上がるのは少し辛かったです。

　引っ越しのときには、好美さんも手伝いに来てくれました。どうやら、息子も、ゆっくりと好美さんとの距離を縮めているようです。新しい家が建つ頃には、2人がうまくいってくれるといいなと思う今日この頃です。

2 借地権の買取り

(1) 借地権評価

a. 借地権も財産の１つ

　本件のケースでは、借地人から借地権を買い取ってほしいと打診があり、地主は買取りを検討しています。地主の立場としては、借地契約の合意解除に際して、まとまった資金を捻出して借地権を買い取ることになります。もともと自分たちの土地であるので借地権を買い取ることについては、どこか釈然としない気持ちがでてくるのも理解できます。しかし、借地権の取引慣行が成熟している地域では、借地権も財産の１つとして成立していますので、本件のような交渉の場面では、借地権に価値があることを地主としても受け入れざるを得ないでしょう。もちろん、借地権を買い取るかどうかは地主の自由であり、必ず買い取らなければならないということもありません。あくまで双方納得のいく評価額であることが前提です。

b. 借地権評価

　借地権の評価手法については、鑑定基準では複数の評価手法が定められていますが、借地権の取引慣行がある地域では、実務上、借地権割合法を用いて決めることが一般的です。借地権割合法とは、借地権の付着していない更地としての価格に借地権割合を乗じて求める方法です。借地権割合とは、その土地が更地であると仮定したときに土地の価格（更地価格）に占める借地権価格の割合のことです。

　具体的な計算例は、更地価格 1,500 万円、借地権割合 60％とすると、借地権割合による借地権価格は下記のとおり 900 万円になります。

更地価格		借地権割合		借地権割合法による価格
15,000,000 円	×	60%	=	9,000,000 円

c. 実際の借地権割合

　借地権割合については、ややもすると相続税路線価図や評価倍率表（以下「路線価図」という）に表示されている割合を採用されがちですが、路線価図に表示される借地権割合というのは、あくまで相続税や贈与税の税金を算定する上でその前提となる借地権価格を算出するためのものです。したがって、実際の売買代金を決めるときの配分割合は、地主と借地人との間で協議して定めるものであり、路線価図に表示される借地権割合に拘束される必要はありません。そもそも路線価図の借地権割合には、契約内容など重要な事情が考慮されていません。

　借地権割合で争いがあるときは、近隣地域及びその周辺地域における借地権取引の成約価格が更地としての価格に対してどの程度の割合で取引されているかについて及び契約内容や個別事情をどの程度考慮するべきかについて、不動産鑑定士に調査を依頼することも1つの選択肢です。

d. 譲渡承諾料

　借地人が第三者に借地権を売却する場合、借地人は地主に譲渡承諾料を支払うことになりますが、地主と借地人との売買であっても譲渡承諾料を考慮するのが一般的です。裁判例でもそうするのが通常です。譲渡承諾料は借地権価額の10％程度が通例ですので、地主が借地権を買い受ける場合にもこの譲渡承諾料を控除して算出することになります。

(2) 交渉のポイント

　借地人の立場にたつと、結局、手取金額がいくらになるかです。借地権

を第三者に売却するにしても、地主の承諾とその対価である譲渡承諾料の支払いが発生します。第三者に売却した時の手取金額と比較して、地主に売却する方が得だと判断すれば、買取りの交渉に応じることになるでしょう。地主が借地権の買取りを希望するのであれば、借地人が第三者に売却することを想定した場合の借地権の時価を正確に評価した上で、借地人に対して買取希望価格を提示すれば交渉をスムーズに進めることができます。なお、借地人が第三者への譲渡承諾を裁判所に求めたときは、地主には第三者への譲渡に介入して優先交渉する権利があります。（→介入権は第7章で詳しく説明します）

第6章　借地の整理

ケーススタディ2
土地の記憶（借地人視点）

　本件は借地人の視点に立って物語を展開しています。これは、借地の整理については借地人側のメリットにも十分配慮する必要があることから、借地人の心理についても知ってもらう趣旨です。

■プロローグ

　午後7時近くのこと、接客を済ませた不動産鑑定士の黒田が応接室から戻って来た。8月末、夏の終わり、窓の外の陽は既に暮れていた。他の者は皆帰宅したようで、事務所内では、助手の栗山が1人で本を読んでいた。
「あ、まだいたのか、栗山くん。先に帰っていいと言ったのに」
　黒田が声をかけると、栗山は本から顔を上げた。
「すいません。なんとなく手に取ったら読み始めてしまって…」
　栗山は、栞を挟んで本を閉じると、表紙を黒田に見せた。

「ほお、『戦争は女の顔をしていない』か…、表紙の写真はどこかの国の女性兵士かな」

「そうです。旧ソ連です。第二次大戦時の女性兵士のインタビュー集です」

「ああ、8月だし、戦争のね」黒田は軽い気持ちで応えた。

「ええ、それもありますけど。この前、といっても、もう半年も前ですけど、ああいう話を聞いたもので、なんとなく他の国ではどうだったかな、なんて思って」栗山は、少し神妙な様子だった。

「そうか、あの案件だね」

■依頼人

　それはまだ冬、2月上旬のことだった。黒田不動産鑑定事務所に、1人の依頼人が訪れた。名は間島亨、42歳、大手商社に勤めているという。高級住宅地の港区白銀に宅地を所有しており、つい1ヶ月程前に母親を亡くし、相続した土地建物に関連して、借地権をどう処理すべきか、という相談だった。

　依頼人の応対には黒田と栗山があたった。こんな事案だった。

　住宅地に南北に並んだ3筆の土地。最も南にあって公道に接している土地、これを3番地とする。そして北へ2番地、1番地と並び、1番地は私道として3番地が接している公道に伸びている。2番地は、この私道を通らないと公道には出られない。私道分を除いても1番地が最も広い。

　このような土地の配置のなか、直接公道に接してない2番地を、依頼人の間島氏とその姉、そして亡くなった母親の3人が共有していた。そして、その南側の公道に接した3番地を母親名義で賃借してお

り、2番地と3番地の上に間島氏の母親名義の自宅が建てられていた。3番地の賃貸人は、依頼人のとなり1番地に住む地主の古山氏であった。79歳の高齢だが、かなり元気とのこと。彼が1番地と3番地の所有者だ。

　母親からの相続については、相続人が間島氏とすでに結婚して家を出た姉の2人だけということもあって、特に問題なく話はまとまった。結果、土地について姉と共有で相続したが、建物については間島氏が単独で相続したという。

　間島の説明をひと通り聴いた後、黒田が問うた。
「なるほど。そうなると、お姉さまとの共有の土地の上に、間島さまの単独所有の住宅が建っているということになりますが、その点については？」
「それは、使用貸借です。姉の持分を無償で貸してくれるということになっています。姉には『ただで貸すんだから、私が夫婦喧嘩して家を出たときは、文句なく迎えるのよ』と言われています」間島氏は、苦笑いしながら言った。
「そうですか。お姉さまとの仲はよろしいようで何よりです。相続に関連したご相談というと、つい相続について問題が生じたのかと」
「いえ、相談したいのは、そういうことではなくて、母が亡くなったこともあって、家を建て替えようと考えているのです。建てたのは昭和40年代ですから。その建替えにあたって、できれば3番地の賃貸借を解消したいのです」
「賃貸借の解消というと、地主の方とトラブルでも？　たしかに、私道があるとはいえ、公道に接している方が便利だとは思いますが」
　黒田が少し驚いたように問いかけると、間島は顔をやや上に向け、少し考えてから答えを返した。

「特にトラブルはありません。むしろ関係は悪くない方かと。ただ、なんと言ったら良いのでしょうか…」間島は首を傾げ、そして、少し困ったような表情を浮かべながら続けた。

「苦手…と言ったら良いのでしょうか。ちょっと地主であることを笠に着るような一面がありまして。まだ私が中学生の頃のことです。古山さんがうちに訪ねてこられて、父とどうやら3番地の賃料について話合いをしていたようなのです。夜も遅くなった頃だったと思うのですが、私が2階から降りてきて応接間の前を通ると、『いいから、賃料については黙って俺の言ったとおりにすればいいんだよ！』と大声で怒鳴る古山さんの声が聞こえまして…」

そう言いながら、間島は少し落ち着かない様子だった。

「そうですか…」黒田が静かに相づちを打った。

「古山さんは、いわゆるお隣さんでもあるので、これといったトラブルがあるというわけでもありません。ですが、なにせ古山さんは、亡くなった私の父よりも5歳ほどですが歳上だったりもしますが、まだまだお元気そうですし。私にとっては少々苦手とでも申しましょうか…今後も賃料の値上げを要求されたりして、ああいうことを言われるのは嫌だなぁ、と」

黒田は、同席している助手の栗山と顔を見合わせた。

「とにかく、間島さまとしては、今後も長きにわたって古山さまと賃貸人・賃借人の関係でいるのはできれば避けたいとお考えということですね」

「そうです」間島はうなずいた。

■底地価格と等価交換

「分かりました。まあ、一番簡単なのは、既に3番地を賃借しておられるわけですから、それを底地価格で買い取るということでしょう」

「底地価格？」

「要するに、間島さまが３番地を賃借されてますので、３番地の地主である古山さまの所有権の上には間島さまの賃借権が乗っていると考えてください。土地の使用権である賃借権は、それ相応の価値があります。賃借権の価格は、土地そのものの価格の５割とか６割くらいの価値があるのです。もっとも、その比率は場所や地形等によって変わってきますが」

「ほお」間島は、関心をもって聴いている。

「そういうことですので、間島さまが３番地を古山さまから買い取るとしても、土地の評価額全てが買取価格になるわけではありません。借地権の価格分を差し引いた額、つまり５割か４割くらいの額でよい、ということになるのです。それが底地価格です」

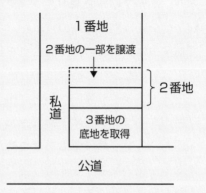

「なるほど。早い話が、借地人が借地を買い取るときは５割引くらいになるということですね」

「簡単にいえば、そうです」

「ところで、先ほど『一番簡単なのは』と仰いましたが、他にも何か方法があるのですか」

「はい。等価交換という方法も考えられます」

「それは？」

「地主の古山さまにしてみれば、１番地と３番地を所有しているわけですが、間島さまが所有する２番地を挟んで、いわば飛び地になっています」

「そうですね」

「ですから、古山さまの３番地の底地と、間島さまが所有している２番地の一部、むろん１番地に接している部分ですが、これらを交換するわけです。等しい価格で交換しようというのですから、等価交換といいます」

「なるほど。２番地の一部を古山さんに譲るので、利用できる土地の面積は今より小さくなるものの、私の方で土地の代金を支払う必要はなくなるわけですか」

「そうです。ただ、所有権移転登記のための費用などの諸費用は多少かかりますが」

　黒田としては、この相談が仕事に結びつくかどうか。間島に真剣な眼差しを向けた。

「分かりました。その等価交換と、３番地の買取りという２つのプランについて、土地の鑑定も含めて、地主さんとの交渉にお力を貸していただけませんか」と間島が応えた。

「承知いたしました」

「あと、等価交換などについてはある程度専門的な説明も先方にする必要があろうかと思いますので、地主との交渉の際にはご同席願えませんでしょうか」間島が少し遠慮がちに言った。

「そちらも承知いたしました。そうしたことも私どもの業務の一環と心得ておりますので」

　その後、黒田らと間島は、報酬額などについても含め打合せを行い、１週間以内にプランを作成した後、内容について打合せを行い、その後、地主の古山氏の都合を確認した上で、訪問し提案するということが決められた。

■地主・古山家訪問

　2週間後の2月末。冷たい小雨の降る午後、黒田は助手の栗山を伴い、依頼人の間島と共に地主の古山家を訪ねた。

　古山の家は、建坪は50坪ほどであろうか、決して大きな家ではなく、やや古いものの造りはしっかりとした2階建ての木造家屋である。ただ、中に通されると、この高級住宅地に400㎡を超える土地を所有する地主にしては、調度品は質素な印象だった。

「どうぞ、お座りください」

　10畳ほどの和室に通された3人は、古山老人に促され、ケヤキ材の大きな座卓の前に並んで正座した。すると「おっと。少しお待ちください」と言い残すと、腰を下ろしかけた古山は再び立ち上がり部屋を出て行った。年齢は79歳と聞いていたが、足腰はしっかりしている様子だ。少しすると自らお茶をお盆に乗せて戻ってきた。

「いやいや、申し訳ありません。今は、娘夫婦も仕事で、私1人なもので」

　そう言いながら、3人の前に1つずつお茶を並べた。

「ありがとうございます」黒田と栗山は応え、間島氏は無言で軽く会釈をした。

「さて、不動産鑑定士の方がご一緒して、お話とは？」

　古山老人は、間島の方を見て、問いかけた。

　間島は、少し緊張した面持ちで話し始めた。

「あの、お借りしている3番地のことなのですが」

「ああ、表通りに面してる土地ね」

「その土地について、古山さんにお願いがございまして…あの、内容については…」

　間島は、黒田へ目で合図をした。それに応え、黒田が話し始めた。

「内容については、私の方からご説明させてください」黒田は、書類を座卓の上に広げ、3番地の底地と2番地の一部との等価交換、そして、3番地を間島氏が買い取る場合の価格等について、丁寧に説明した。

「ふむ。だいたい理解できました。要は、間島さんは公道に面した3番地が欲しいということですか」古山は、口を結び、間島氏の方へ顔を向けた。

「はあ。その方が、いろいろと便利なものですから…」間島は、少し躊躇いがちに答えた。

「別に、今までどおりの賃借地でも問題はないようにも思えますが。まあ、等価交換ということであれば、間島さんも費用をかけずに3番地の底地を取得できるというわけですね」古山は、淡々と言った。

「古山さまといたしましても、飛び地になっている3番地よりも、隣接する2番地の1部を取得された方が、全体として土地の価値も上がりますし、利用するについても、より利便性が高まると思いますが」黒田は、先ほどの説明を繰り返した。

「たしかに、そうかもしれませんが…」古山は、腕組みをしたまま考え込んでいた。

　3人は、緊張した面持ちで古山の言葉を待った。

「少し…考えさせていただけませんか」古山は、難しい顔をしながら、そう告げた。

■古山、来訪

　黒田と栗山は、白銀の古山の自宅から日本橋の事務所へと戻って来た。陽も暮れかけていた。

「どうしたのでしょうねぇ、古山さん。妙に難しそうな顔をしてまし

たけど」栗山が、自分の席に腰を下ろすなり、黒田に話しかけた。

「何か、妙な雰囲気だったなぁ」

「ですよね。間島さんが話していたより、古山さんは好印象だったのですけど」

「うん」

　そこへ電話が鳴った。栗山が受話器を取った。

「はい。あ、先ほどは。ええ、はい。少々お待ちください。先生、古山さんからです」

　栗山が、電話を黒田へ回した。

　数日後、今度は古山が、黒田不動産鑑定事務所を訪れた。

　黒田と栗山が応接室に入ると、古山は、さっと立ち上がり、「お時間を頂戴しまして、申し訳ありません」とお辞儀をした。

「いえいえ、こちらこそ、わざわざ足を運んでいただきまして」黒田は恐縮しながら、古山に座るよう促した。

　3人がテーブルを挟んで着席すると、すかさず古山が話し始めた。

「単刀直入にお伺いします。先日の件ですが、等価交換にしろ買取りにしろ、要するに、間島さんは私との賃貸借関係を解消したいという意向なのでしょうか」

　思わず黒田と栗山は顔を見合わせた。

「結果的にはそういうことになりますが…」黒田は少し言い淀んだ。

「このことについて亨くん…いや、間島さんが黒田さんにお願いするにあたって、間島さんは、私のことに関して何か言っていませんでしたか」

　古山の、文字どおりの単刀直入な質問に、黒田と栗山はどう答えたらよいものか戸惑わざるを得なかった。

　黒田が言葉を選んでいる様子でなかなか口を開かなかったので、栗

山が答えた。

「いや、お客様との会話の内容をお話するというのは、私どもとしましては…」

「ああ、そうですね。ご事情は分かります。私も、永年商社に勤めてまいりました。顧客との情報をおいそれと口には出せませんね。これは失礼しました」古山は、テーブルに手を付いて深々と頭を下げた。

「いえいえ」黒田と栗山はまたも恐縮してしまった。

「では、私がこれからする話をお聴きの上で、問題ないとお考えになられたら、間島さんのことをお話していただけませんでしょうか」

「は、はい」黒田が答えるやいなや、古山は語りはじめた。

「実は、現在、間島さんがお住まいのあの土地は、終戦直後に私の父が、間島さんのお祖父様へ贈与したものなのです。それも…」

■父と祖父の戦中戦後

アジア太平洋戦争の末期、古山の父と間島の祖父は、中国派遣軍で同じ分隊に属していた。古山の父が分隊長、間島の祖父がその副官、32歳と28歳だったという。

その分隊は、昭和19年4月から開始された一号作戦という大作戦に参加した。5月末、中国の旧都洛陽をめぐる戦いで、分隊は、敵の急襲を受け大きな被害を被った。その時、古山の父は左足を砲弾で吹き飛ばされてしまった。副官であった間島の祖父は、重傷の分隊長を背負って命からがら撤退した。間島の祖父は、さらに20キロ離れた野戦病院まで彼を運び、古山の父の命は救われた。彼は、そのまま負傷兵として内地へ送られ、間島の祖父は戦地に残った。そして、終戦を迎えた。

今の1番地に建っていた古山の父の自宅は、空襲により被害を被ったものの全焼は免れた。除隊後は、そこで妻に介護され、4歳になる

長男、すなわち古山と３人で、怪我を癒やしつつ暮らしていた。あの一号作戦自体は成功したと軍の病院で聞いていたが、太平洋上の戦いに大敗し、日本は戦争に負けた。そうした中、どうしても気になったのが、残してきた分隊の戦友たち、特に命の恩人である間島の祖父の行方だった。

　昭和20年12月、左足は失ったものの、怪我も癒え、松葉杖で日本橋の闇市へ出かけたときだった。偶然、そこで間島の祖父と再会したのだ。彼の妻も一緒だった。古山の父は大喜びで、間島夫妻を自宅へと連れ帰った。古山は、父親が嬉しそうに間島の祖父を連れ帰った日のことを今でも覚えているという。

　聞けば、間島の祖父は、妻が実家のある甲府に疎開していたため、復員後すぐに甲府へ行き、そこで妻と再会できたものの、甲府の街も空襲で焼け、妻の実家も消失。甲府にそのまま留まるのも難しく、仕事を探しに東京に出てきたところだという。まだ、住むところもないという話を聞いた古山の父は、自宅の隣の土地をやるので、そこに住むよう間島の祖父に勧めた。しかし、間島氏の祖父は固辞したという。しかし…

「君に助けられた命だ。君のお陰で、私は今こうして妻と子と３人で生きていられるんだ。幾ばくかの土地なんて、どうして惜しかろう。このまま君と分かれてしまっては、却って私に悔いが残る。私に悔いを残さんでくれ。お願いだ」

　古山の父の真摯な説得に、間島の祖父もついに折れ、今の２番地に廃材を集めてきてバラック小屋を建て生活を始めた。

　身体の頑強な間島の祖父は、すぐに建設会社に就職が決まった。まもなく間島夫妻の間にも男の子が生まれた。間島氏の父である。一方、古山の父も、傷が癒えると、かつて徴兵される前に勤めていた商社に復職することが叶った。その後の古山、間島両家の生活は、まる

で日本の復興に歩調を合わせるかのように順調だった。

■誤解

「そんなわけで、実は、私と亨くんの父上、隆くんとは、兄弟のような仲だったのです」

　話し終わった古山は、心なしか顔がほころんでいた。

「そうだったのですか」黒田はほっとしたように言った。

「貴重なお話、ありがとうございました」と栗山は、顔を少し紅潮させていた。

「いやいや。あの頃はいろいろなことがあったそうです。私も、まだ小さな子供でしたが、今でもときどき、あの焼け野原と、今にして思うと薄汚い格好をした人ばかりがいる闇市の、あの不思議な高揚感を思い出します。

　父も、出征中のことはあまり話したがりませんでしたが、間島さんに助けられたことだけは話してくれました。もっとも、父も、戦場で怪我を負ったまま気を失い、誰かに背負われているのは何となく覚えていたものの、野戦病院で目覚めてから、軍医から『間島軍曹が君をずっとここまで背負ってきたんだ』と聞かされたそうです。それで、背負われているときにうっすらと目にはいった2つ星が間島さんの襟章だったのかと気付いたそうです。

　その父も、間島さんのお祖父さんも、そして、隆くんまでも私を置いて先に逝ってしまいました」

　古山は少し涙ぐんでいるようにも見えた。

「ところで、ここまでお話しましたなら、私がどうして間島さん、亨くんが何を言ったのかを気にするわけもお分かりいただけたのではないかと思いますが」

「わかりました」黒田は、間島が中学生時代に、古山の怒鳴り声を聞

いたことを話した。

「あああ。そんなことか」古山は目頭を押さえた。

「どうなさったのですか」栗山が声をかけた。

「いやいや、彼が中学生だったというと、思い当たる節があります」

「というと？」思わず、黒田と栗山は身を乗り出した。

「何のことはない。酒を飲んでいて、つい大声になっただけです。先ほども言いましたように、私が兄、彼の父、隆くんが弟、そんな関係でしたから、ついつい兄貴風を吹かして大きな声をだしてしまったのですよ。

　土地の価格が高騰したバブル景気の頃のことです。隆くんが『3番地の賃料が安すぎるから、もう少し払いますよ』と言ったのです。私は『こんなバカみたいな値段になった土地なんか誰も買えない。誰も買えない土地は売りようがない。すぐに土地の値段なんて下がる。そのままでいい』と言ったのです。そうしたら、あいつがグズグズと屁理屈をこねるものですから、つい大声になってしまったのですよ。子供の頃からの倣いで、つい隆！などと呼び捨てにしてしまっていたのかもしれません」古山は苦笑いしながら、さらに言葉を継いだ。

「それを亨くんが聞いていたのですか。たしかに、中学生の頃からうちに遊びに来なくなったとは感じてました。受験や部活などで忙しくなったからと思ってたのですが。悪いことをしましたなぁ。避けられていたわけですね。父親を怒鳴りつけられて良い気持ちはしないはずですよ。いや、酒が入っていたとはいえ、私の落ち度です」

　古山は、急にしゅんとした様子になった。

　しかし、黒田と栗山は、パズルのピースがピタリとはまってきたような気分だった。

「ところで古山さま、間島さまからのご提案についてですが、どうなさいますか」

黒田が改めて問うた。

「そのことですが、彼の好きなようにさせてやろうかとは思うのですが、その前にお願いがあります」

「なんでしょう？」

「亨くんから、その話を聴いておられるのなら、私の今の話、あなた方から彼に伝えてもらえないでしょうか。おそらく、土地の由来については、彼も知っているとは思うのですが、隆くんは自分の父親が私の父の命の恩人だとは伝えていないかもしれない。そういうところがあるやつでしたから。ただ、土地のこともありますし、私からは少し話しづらいところもあります。ですから、あなた方のような第三者というのでしょうか、そういった方から話していただけるとありがたいのです」

「ご事情は分かりました。間島さまのお祖父さまが古山さまのお父様の命の恩人だったことを話さなければ、古山さまが怒鳴った理由、賃料の値上げに反対した理由が伝わりませんからね」

「よろしくお願いします」古山は、深々と頭を下げた。

■解決

　数日後、黒田は1人で間島の家を訪ね、古山の話を伝えた。間島は、「えっ」と一言発した後、黙り込んでしまった。

　彼は、自分の住んでいる土地が古山の父親から譲り受けたものであること、戦争中、古山の父が自分の祖父の上官であったことは知っていた。そして、古山と自分の父が懇意であることも分かっていた。だが、やはり、古山が想像したとおり、古山の父を祖父が助けたことは知らなかった。間島は、3番地の賃料がかなり低廉だったことは、父母らの会話からそれとなく察していたらしい。そのため、中学生のときに聴いた古山の怒鳴り声は、賃料の値上げを迫っていたのだとばか

り思っていたというのだ。

そこへ、間島の姉が訪ねてきた。黒田は、挨拶すると、2番地が間島とその姉の共有であることから、自らの来意を伝えた。そして、間島が、古山の父と自分たちの祖父のことを告げると、

「まさに、そのことよ」と間島の姉は、間島に向かって、まくしたてるように話し始めた。

「亨、あなたにも話したことあると思うけど、私、お母さんの日記を預かってたの。つい先日、その日記に私宛の手紙が挟んであったのを見つけたの。亡くなるだいぶ前に書いたもののようだった。要するに、あなた、古山さんを避けているでしょ。それを、お母さんは心配してたのよ。お母さんの手紙にはね、男たちは妙な見栄で遠慮し合って本当のことを話さなかったりするから、もしかしたら、お父さんも貴方に、古山さんちと、うちのことをちゃんと伝えてないかもしれないからって。そこから何か誤解が生じていたとしたら困るからと、ちゃんとその辺の事情が書いてあったの。亨、あなた宛の手紙も挟んであったわよ。ほらこれ。女は、男みたいな詰まらない見栄はないから、お互いの亭主の話は筒抜けだったわけね」間島の姉は、ハハハと笑った。

その手紙の中には、古山が話したとおりの内容が書かれていた。

そして、間島と古山は、正直に腹を割って話し合うことができた。

間島は、既に賃貸借の解消を積極的には望んではいなかったが、今度は古山が、自分も高齢だし、先々のことを考えれば、3番地の所有については考える必要があると言い、間島の提案の実現を望んだ。ただ、古山としては、2番地と3番地と合わせたよりも広い1番地に、さらに2番地の一部が自分のものとなっても、空き地になるが関の山だからと、等価交換の話はなくなった。そして、3番地の底地を間島

が買い取ることとなった。そしてまた、この価格交渉が一苦労だった
のだ。

■エピローグ

　それから半年経った、8月末の夜、黒田不動産鑑定事務所の一室。
「そういえば、あれは、妙な価格交渉になりましたね」と栗山。
「たしかに。買手である間島さんが価格を上乗せしようとし、売手で
ある古山さんが価格を下げようというんだから、私もホント困った
よ、あれには」
「結局、間島さんのお姉さんの『だったら、鑑定士さんの決めた価格
でいいじゃない』の一言が決め手になりましたね」
「間島さんのお姉さんに、顔を立ててもらったような形になっちゃっ
たな」黒田は苦笑いした。
「でも、ああいう戦争中や終戦直後の話を直接の体験者から聞くなん
て、僕は初めてだったんですよ」栗山が、読んでいた本を見つめなが
ら呟いた。
「そうだな。終戦、いや敗戦というのが正確なのかな。いずれにし
ろ、あの時代を知っている人は少なくなってきたからね」
「まあ、そんなこんなで、そうした話をもっと知りたいと思って、こ
ういう本を読んでいたわけですよ」
　栗山が手にした本を黒田に見せた。
「なるほどね、そういうわけか。さて、もう遅い。帰ろうか」
「はい」
　数分後、オフィスビル5階の窓の灯りが消えた。

3 底地売却・等価交換

(1) 底地売却

　本件のケースのように、実務上、借地整理の話合いの展開によって当初の等価交換の提案が底地売却へと変わることがあります。また、交渉状況に応じて底地の評価額が変わってくることもあります。一般的に、底地の評価額はどのように決まるのかがとても分かり難いので、底地の評価額の決まり方についてある程度は理解しておく必要があります。

a. 底地の正常価格

　底地の評価額には、正常価格と限定価格の2種類の適正価格があります。まずは、底地の正常価格について説明します。底地を借地人以外の第三者に売却する場合の底地価格については、一般的に正常価格になります。「正常価格」とは、要するに、特別の事情がない合理的な市場で成立するであろう適正価格のことです。底地は借地権が付着しているため所有者は自ら土地を自由に使用収益できず、底地を購入する第三者は、当面は地代収入を得ることが主たる目的となります。ただし、将来において借地契約の解消によって底地を借地人に売却できる場合はその売却益についても期待されるはずですし、更新料や建替承諾料等の一時金の授受が見込まれる場合もあります。これらを踏まえて不動産鑑定では、底地の評価額は実際の地代に基づく収益価格及び底地の比準価格によって決めるとされています。

　「収益価格」とは、賃料収入によって決まる価格のことです。ごく簡単にいえば、年間地代の15年分、20年分などといった計算方法です。具体的には、年額地代を36万円とすれば、その15年分の540万円、20年分

の 720 万円が収益価格になります。不動産鑑定では、年額地代から公租公課を控除したネットの純賃料に基づいてもう少し複雑な計算をしますが、ひとまず大雑把な計算方法を知っておけば十分です。

「比準価格」とは、近隣地域及びその周辺地域の実際に取引された底地の取引事例に基づく価格のことです。

b. 底地の限定価格

次に、底地の限定価格について説明します。「限定価格」とは、要するに当事者同士においてのみに成立する限定された価格のことです。底地を借地人に売却する場合の適正価格は、限定価格とされています。

図表 2 を見てください。この図は、底地価格と借地権価格を足しても更地価格にならないことを示しています。

図表 2

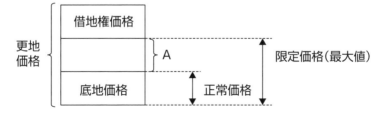

借地権価格については、第三者が借地権を買おうとする立場になってみれば、地代が安価であるからといっても借地上の建物の増改築には地主の承諾が必要となることが多いですし、将来地代が増額されるかもしれません。さまざまなリスクがある分、よほど安価ではない限り買われることがありません。そのため、実際の市場における借地権価格は、更地としての価格に対して路線価図に表示される借地権割合を乗じた価格で決まるとは限りません。同様に、底地価格についても、上述のとおり、実際の市場における底地価格は、更地としての価格に対して路線価図に表示される借地

権割合の借地権価格を控除した価格で決まるとは限りません。このように実際の市場では、底地価格と借地権価格を足しても更地価格にならないのが通常です。

　ところが、底地を当該借地人が買い取る場合は、底地と借地権付建物の所有者が同一人の完全所有権となるため、借地人にとって当該土地を自分のものにして自由に使用収益できるというメリットがあります。したがって、底地を借地人に買い取ってもらう場合の適正価格は、一般的な市場価格より高くなることがあります。すなわち、図表2のAの部分が借地人のみが追加で支払うことのできる増分価値です。借地人は当該底地を他の誰よりも高く買い取るだけのメリットがあるというわけです。これが、限定価格が当該底地について地主と借地人のみに成立する限定された価格といわれる理由です。

　ちなみに、反対に地主が借地権を買い取る場合についても限定価格になるのではと思われるかもしれません。しかし、地主は、借地人が地主以外の第三者に借地権を売却する時の市場価格で買い取ることができるはずなので、地主がどうしても買い取りたい場合を除き、この場合は正常価格であって限定価格にはなりません。

c．交渉のポイント

　正常価格にせよ限定価格にせよ、あくまで適正価格の1つであって実際の交渉ではその価格で取引しなければならないということではありません。さまざまな状況によって取引価格は違ってくるものです。ケーススタディのように借地人がどうしても底地を買いたい場合は、限定価格で価格が決まることがありますが、地主の方から底地を買い取ってほしいと申し出る場合で借地人としても安価な地代を支払うだけで居住権を確保できている現状に満足している状況にあれば、いくら底地の適正価格が限定価格であるとしても、高い金額を出してまで買う気にならないと断られるケー

スもあるわけです。その場合、あくまで限定価格は1つの目安として、最終的にはどこかで価格の折合いを付けることになるでしょう。もちろん適正価格を前提に話合いを進めた方が納得感を得やすくなります。

d. 借地人の承諾は不要

なお、借地人は地主の承諾がなければ第三者に借地権を売却することはできませんが、地主が底地を第三者に売却する時には借地人の承諾は不要です。新しくなる借地人は賃料を払えるのか、どんな目的で借りるのかという問題があり得ますが、土地の貸主の義務はその所有者であれば誰でも果たすことができるからです。したがって、借地人に一言もいわずに黙って売却しても法的には全く問題がありません。底地はあくまで地主の所有権です。底地を売却するのも銀行の担保に入れるのも地主の自由です。

(2) 等価交換

a. 等価交換の仕組み

本件のケースでは、当初等価交換の提案がありました。「等価交換」とは、簡単にいうと、地主と借地人の間で借地を2分割する方法のことです。借地面積の規模が大きく間口が広い場合に使えます。交換の理論的な仕組みは少し複雑ですが、実際、交換契約をする際には、その仕組みを知らないと契約書が読めないことも多いので説明します。

図表3をみてください。左の図は1つの敷地に借地権と底地の権利が存在している現在の状況を示しています。この状況から真ん中の図のように2つの敷地に分筆します。「分筆」とは、一筆として登記されている土地を2筆に分割することです。「筆」とは、土地の個数を示す登記簿上での単位です。つまり、「一筆」とは、登記上の1つの土地ということです。ここではまだ2つの敷地にそれぞれ借地権と底地権が存在している状態です。真ん中の図の双方向の矢印のとおり借地権と底地権を同じ価値で

交換すると、右図のように完全な所有権となる2つの敷地が出来上がります。

図表3

b. **等価交換のメリットとデメリット**

等価交換には、次のようなメリットがあります。

- 借地権の買取資金なく所有権を取得できる。
- 処分・利用が容易になる。
- 担保価値が上がる。
- 借地人との煩わしい関係が解消される。
- 地代等の管理が不要になる。
- 底地を次世代に相続させなくても済むので相続対策になる。
- 等価交換における税法上の条件を満たせば税金がかからない（税金がかからない点については、第9章で詳しく説明します）。

次にデメリットです。

- 地代・一時金収入が無くなる。
- 土地が小さくなる。
- 借地人との権利調整が必要である。
- 評価・税務・測量・取引実務面において専門的知識を要するので煩わしい。

c. 等価の決め方

等価交換を行う場合は、通常、税務上の等価交換制度の適用を受けることが前提になります。したがって、借地権と底地の価格が税務上等価であると認定される必要があります。この点、親族間取引などといった特別の利害関係がなく、当事者間において借地を交換するに至った事情等に照らして合理的に算定されていれば、その合意された価格が通常の取引価格と異なっているとしても等価として認められます（所得税基本通達58－12）。

具体的には、100坪の借地があるとして、相続税路線価図に記載された借地権割合にかかわらず、地主と借地人とが50坪ずつに2分割した場合も当事者の合意があれば等価交換として認められるということです。当事者間の合意を最大限尊重しようという趣旨です。なお実務上、複雑な事情があるときは、合理的に算定されていることを税務署に証明するために不動産鑑定書を取得することがあります（等価交換は第9章で詳しく説明します）。

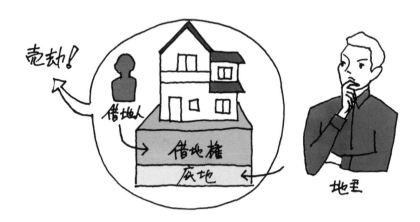

ケーススタディ3
共同売却

■地上げって…

　土地は、細切れの状態よりもまとまっている方が大規模な建築物が建てられるようになるので、買い集めるとその価格は上がります。大規模な建物の方が利用価値が高く、土地も面積当たりの利用価値が高くなるからです。要するに、隣接した土地を買い集めるとその価格は上がるというわけです。こうした目的で土地を購入することを、俗に「地上げ」と呼びます。

　1980年代後半から90年代初頭にかけてのバブル経済期には、「地上げ」が横行しました。札びらで頬を叩くように大金を積んで買い取るのはもとより、地主が金で動かないとみるや暴力的な手段で地主や借地権者に立退きを迫る事例もありました。地主が営んでいる店舗にトラックが突っ込むという事件すらあったようです。私はそんな時代

のことを覚えているため、不動産には、なんとなくですが、どこかヤクザやら暴力団などのイメージが付きまとっていました。それから30年近く経ち、私も親から幾つかの土地を相続しました。でも、そういったわけで、「地上げ」には必ずしも良いイメージを持っていなかったというのが本音です。

■おいしい話

　ある日、私の家に「S市M町の40坪の土地の所有者の方ですか…」と、見知らぬ人が訪ねてきました。不動産業者かと思ったものの、私の知る不動産業者にありがちな愛想の良さや押出しの強さが感じられない静かな落ち着いた話し方でした。差し出された名刺には「不動産鑑定士」とあり、「なるほど。不動産業者ではないのか」と納得しました。

　M町の40坪の土地というのは私の所有地ですが、親の代から借地になっています。月1万円、年間で12万円の地代で、その半分以上が固定資産税となって消える、所有者にとって大した価値を感じていない土地です。接道義務を満たさない土地のため売却のしようもなく持て余していました。「接道義務」とは、建物を建てる土地には一定の幅以上で道路に接していなければならないという法律上の制限です。

　来訪者の用件は、要するにこの土地を「地上げ」したいというのです。隣地を売却するにあたり、私の土地ともう1つの土地を一緒にすれば、マンション用地としてかなり高く売れるとのこと。私にとっては、降って沸いたようなおいしい話です。でも、私は土地を所有していても、不動産については全くの素人です。なんとなく買い叩かれるのではないかとの不安があったのも確かです。

　件の土地は、固定資産税を差し引くと手元には数万円しか残らない

第6章　借地の整理

土地になってしまっていますが、それを知って私の足下を見ているとしたら面白くありません。それに、借地人もいます。借地人の方が地主よりも儲かるような話だと、それも少し面白くありません。この借地人は、何かの宗教に入れ込んでいるようで、お経か何かの声がうるさいとか、伸ばし放題の庭木の枝が邪魔だと近所から苦情が来ます。借地人に苦情を言っても聞き流されるものですから、ついには地主の私の方へ苦情がくる始末です。

　私は、こういった事情や自分の気持ちを、来訪した不動産鑑定士の方へ正直にいろいろと話しました。がめつい地主と思われるのを覚悟の上です。この土地を所有していて余り良い事がなかった手前、なんとなく美味い話には裏があるような気がして乗り気になれないことも伝えました。私の話を聞いた後、不動産鑑定士は「できる限り、ご納得いただけるような買取価格にするよう検討させていただきます。ただ、やはり借地ですので、お売りいただけるとすれば、借地人の方と共同売却ということになります。いろいろとお聴かせいただき、ありがとうございます」と礼を言うと、私の話を聞くだけ聞いておとなしく帰ってしまったので、少し拍子抜けしてしまいました。

■来訪者、再び

　自分の所有する土地なのに、借地は、借地人との共同売却になるというのが少し腑に落ちないような気がして、借地権付きの土地の値段がどんなものなのか、知合いの不動産業者に尋ねてみるなどして調べてみました。借地権付きの土地の買取価格のうち、概ね借地権者（借地人）が７割、底地権者（地主）が３割だとのことです。「なんだよ、結局、借地人の方が儲かるのか」とガッカリです。借地権というものは、そんなに価値のあるものなのかと少し驚きました。Ｍ町の土地は言われるままに売った方が得なのは分かっています。でも、ど

うしても釈然としない気分です。

　2週間程した後、先日の不動産鑑定士が再び訪ねてきました。「借地権者の方ともお話し、今回の共同売却については、このような形で売買代金を分配するということでいかがでしょう」と、具体的な金額を示してきました。

　彼によれば、借地人は1年ほど前に高齢者施設に入ってしまったため、借地上の居宅は空き家になっていたとのこと。地代は滞りなく支払われていたので、私はそれを知りませんでした。彼らは、借地人の妹を探し出して、借地権の買取交渉をしたようです。

　彼から示された条件は、借地権者と底地権者の取分割合が「5：5」でした。「7：3」と思っていたところ、驚きました。借地人も、既にそこに住んでいないこともあって、借地権を処分したいという気持ちが強かったことの他、次のような事情を考慮したからだそうです。

　私の土地は接道義務を満たしていませんが、公道に全く接していないわけではありません。公道に接していても、接する部分が狭いために接道義務を満たしていなかったのです。そして、この僅かながらでも公道に接している部分のごく小さい土地は私の所有地ではありますが、賃借地には含まれておらず、借地人の使用を事実上許諾していただけだったのです。実を言うと、そのこと自体、私も忘れていました。賃借地のみの評価としては、どうしても「7：3」からせいぜい「6：4」程度のものだったそうですが、この接道している細長い土地を、公道に接しているという意味で相応の価値を有するものとして評価し、こちらは賃借地に含まれていませんでしたので、こちらの土地を売却した時の私の取分は100％ということになり、その結果、賃借地と接道部分を合わせた土地の取分の割合は「5：5」と評価できるというのです。実に理路整然とした説明でした。それも、先日話した私の気持ちも汲んでくれていました。

■納得の共同売却

　こうして、私の土地は地上げされ、いや、借地人と共同売却することにより、私は約2,000万円の現金を手にすることができました。抱いていたイメージとは随分異なる結果になりました。土地を買い取るにあたり、大金をちらつかせるようなこともなく、むろん恫喝なんか全く無く、周辺事情と土地の評価を淡々と説明しただけでした。こうして、年間数万円しか手元に残らない土地が、最後にはそれなりの利益をもたらしてくれたのです。親から相続した土地が他にもあるので、この不動産鑑定士に相談してみようかと、もらった名刺を眺めています。

4 共同売却

(1) 共同売却の場面

　本件のケースでは、底地と借地権を第三者に共同売却（＝同時売却）しています。共同売却であれば底地を高く売ることができるのが通常です。上述のとおり、単独でみた借地権の価格と底地の価格の合計額は、必ずしも更地としての価格にはなりませんが、共同売却によって底地と借地権を一緒に買おうとする立場に立てば、他の完全な所有権である土地と同じだからです。売却先は、居住目的のエンドユーザー（一般消費者）の場合もありますし、デベロッパー（開発業者）になることもあります。デベロッパーの場合、周辺の土地と共に取りまとめるいわゆる「地上げ」のケースに当たります。地上げのケースでは、単独では不整形で使い勝手が悪い土地や接道義務を充たしていない土地であっても、周辺一帯まとめて広大な更地としての評価になることがあります。接道義務とは、建物を建築する敷地は、原則として幅員4mの建築基準法上の道路に、間口2m以上接した敷地でなければならないという建築上の規制のことです。接道義務を充たしていない土地は、建物を適法に建築できないため、いわゆる二束三文の価値と言われます。しかし、こうした土地でも地上げにかかれば高く処分できることがあります。

(2) 売却金額の配分

　このように地主と借地人が同時売却すれば、更地価格として最も高く処分することができますが、ここでの問題は更地価格での売却金額の配分です。増分価値の全てが借地人に配分されるのであれば地主は同時売却する意味がありません。「増分価値」とは、それぞれ単独で売却する価格以上

に値上がりする部分のことです。基本的には、地主と借地人で均等に配分する方法が納得感があると思いますが、デベロッパーに売却する場合は更地としての価格以上の増分価値が生じることがありますので、そうした場合は売却先と個別交渉できることがあります。ケースバイケースですが、地主の立場に立つと、これまでの契約の経緯その他契約の個別事情を踏まえた上で、さまざまな要因を考慮して売却金額の配分を検討することになるでしょう。

第7章

各種一時金等の評価

本章では、各種一時金等について解説します。

更新料、各種承諾料など、さまざまな名目のお金に絡む問題です。

お金が絡む以上、適正な評価は不可欠です。

1 前説

　本章では、更新料や各種承諾料等の一時金について取り上げます。その内容は不動産評価の問題が中心です。

　借地人の中には、更新料は支払う必要がないといった主張をされる方もいます。しかし、一般的に誤解されていることが多いのではないかと思います。まず、そのあたりを説明します。

　次に各種の承諾料についてです。実務上、承諾料の金額の決め方は、「更地価格や借地権価格に対して何割ぐらいが妥当」といった方法がとられています。ところがその割合をめぐって争うことも少なくありませんし、その評価の基礎となる更地価格や借地権価格についても、意見が割れる場合が多いものです。評価基準そのものも、いわゆる一般的な相場などと言われており、あいまいに感じられることがあります。さらに、いずれの場面においても、地代増額を伴うことがあります。

　以下、更新料、譲渡承諾料（介入権価格）、増改築承諾料、条件変更承諾料の順に、主に不動産評価の視点で解説します。

2 更新料

(1) 更新料とは

a. 定義

　「更新料」とは、借地契約の期間満了の際に、借地人から地主に対して支払われる一時金のことです。更新料の支払い慣行があるかどうかは地域によって異なりますが、実務上、合意更新する場合は、都市部では更新料が支払われるのが一般的です。

b. 紛争になりがち

　更新料は、数十年に一度の長いスパンの一時金であり、金額も賃料などと比較して多額になります。地主だけでなく借地人にとっても頭を悩ませる問題です。したがって、更新料をめぐって支払いの有無及びその金額について当事者同士で争うことが少なくありません。

c. 更新料の根拠

　では、そもそも更新料はどういった根拠に基づくものでしょうか。これには諸説ありますが、ここでは2つ紹介します。

①　主観的事情

　　1つは「地主に対して支払う謝礼的なもの」という考え方です。

　　借地人は、法的に保護されているとはいえ、地主のモノを借りてその土地上に建物を建てて生活の基盤としていることに変わりません。したがって、更新料とは、「地主に貸していただいている」ことに対する謝礼的な気持ちを金額として表したものという考え方があります。いわゆる義理と人情の世界に近い「主観的事情」といえるでしょう。しかし、相続で世代が代われば、そうした意識は薄れていくものです。また、借地権取引によって契約を承継した借地人は、借地権を自ら買っているのですから、その分権利意識を強く持つ傾向があります。

②　経済的事情

　　もう1つは、「地主と借地人との間の経済的不均衡を補正する」という考え方です。

　　契約当初、安かった地価が、長年の借地期間を経て上昇します。ところが、すでに契約が継続している地代は、それに追いついて上昇しません。つまり、地価との関係において、地代は相対的に安くなって

しまうのです。これだと地主にとって不利益だというわけです。そこで、地主と借地人との間に発生した経済的不均衡について、契約の更新時に、更新料という名目で補完しようという考え方です。こちらは、地価と地代の関係に基づく「経済的事情」に着目したものといえます。

③　更新料の意味・性格

　なお、更新料には、主として、賃料の補完と円満継続の解決金の2つの意味があります。この点、借家の判例ではありますが、借地の更新料の性格としても参考になる判例があり、「更新料は、賃料と共に賃貸人の事業の収益の一部を構成するのが通常であり、その支払により賃借人は円満に物件の使用を継続することができることからすると、更新料は、一般に、賃料の補充ないし前払、賃貸借契約を継続するための対価等の趣旨を含む複合的な性質を有するものと解するのが相当」（最高裁判所判決平成 23 年 7 月 15 日）としています。

d. 法的根拠

　更新料は、法的根拠に基づく一時金ではありませんので注意が必要です。法的根拠がないというのは、要するに、民法や借地借家法には更新料について一言も言及されていないということです。

(2) 更新料はとれるか？

　更新料はとれるかについて説明する前に、まず合意更新と法定更新の2つの用語の理解が必要です。ここは大事なところなのでしっかりポイントを押さえましょう。

① 　合意更新

　まず合意更新です。これは契約期間を満了して借地契約を更新する

際に、地主と借地人がいわば円満に合意した場合の更新のことです。
要するに、地主と借地人との間で更新の際に更新契約書を取り交わす
場合をいいます。

② **法定更新**

これに対して、法定更新とは、円満に更新の合意ができなかった場
合の更新のことです。借地人は、地主と契約の更新ができないことを
理由として、退去させられることがないように借地借家法で守られて
います。要するに、円満に合意できなかった場合に法律によって定め
られた更新のことです。

このように一口に更新料といっても、実は2種類のものがあります。頭
の中が混乱する場合は、便宜上、「合意」更新料と「法定」更新料として
区別すれば整理しやすいでしょう。

a. 更新料がとれる場合

更新料がとれる場合は、基本的には、合意更新の場合です。合意更新の
話合いにおいて、借地人と更新料の支払いの話が一旦まとまれば、更新料
はとれます。これが、実務上、よくみられる更新料のことです。

b. 判例も認めている

判例でも、合意更新の場合の更新料まで否定していません。むしろ更新
料の支払慣行の存在を認めています。例えば、判決文の中で「土地の賃貸
借契約の存続期間の満了にあたり賃借人が賃貸人に対し更新料を支払う例
が少なくない」としていますし（最高裁判所判決昭和59年4月20日）、
「土地の賃貸借契約の更新に際して、賃料を補完するものとして更新料の
支払いがなされる事例の存することは否定し得ないところであり、東京都
内、特に銀座地区においては、賃貸借契約の更新に際して、更新料が支払

われる例が多くみられる」とあります（東京地裁平成7年12月8日）。

　したがって、合意の結果、支払うことになった更新料は、実務上も法的にも全く問題はありません。合意がある以上、堂々と請求してよいわけです。

c. 法定更新はとれない

　問題は、法定更新の場合です。合意による更新の話がまとまらなければ、合意更新の話合いは不調になります。その結果、期間満了時にいわば自動的に法律の規定に従い更新されます。この場合、原則として更新料はとれません。

　裁判所の考え方は、なにも法定更新の場合まで、更新料を支払う慣習は認められないということです。このように合意更新と法定更新の理解を深めると、一般的な感覚としても理解しやすいのではないかと思います。

　判例では「賃貸期間の満了にあたり、賃貸人の請求があれば当然に賃貸人に対する貸借人の更新料支払義務が生ずる旨の商慣習ないし事実たる慣習が存在するものとは認めるに足りない。」（最高裁判所判決昭和51年10月1日）として、一貫して法定更新の場合における更新料の慣習を否定しています。

　したがって、法定更新になった場合は、特別な事情がなければ更新料はとれません。これが裁判になったら勝てないといわれる所以です。

d. 支払特約がある場合

　次に、更新料がとれる特別な事情についてです。更新料を支払う旨の特約がある場合は、更新料がとれるとした最高裁判例があります。

　「本件更新料の支払は、賃料の支払と同様、更新後の本件賃貸借契約の重要な要素として組み込まれ、その賃貸借契約の当事者の信頼関係を維持する基盤をなしているものというべきであるから、その不払は、右基盤を

失わせる著しい背信行為として本件賃貸借契約それ自体の解除原因となりうるものと解するのが相当である。」としています（最高裁判所判決昭和59年4月20日）。

　ただし、この判決は、裁判所の調停手続で更新料支払いを特約したものですので、この判例の参照には注意が必要だといわれています。

　実際のところ、法定更新においても、更新料がとれるかどうかの判断は、判例でも意見が割れているので、その契約ごとに個別の判断が必要になるでしょう（詳細な解説は、藤井俊二著、澤野順彦編『実務解説　借地借家法』青林書院　2008　p.348 以下および渡辺晋『借地借家法の解説【4訂版】』住宅新報出版　2021　p.40 以下が詳しい）。したがって、更新料特約の有効性の判断について気になる点がある方は、早めに弁護士に相談することをおすすめします。

(3) 更新料の交渉のポイント

a. 話合いによる落としどころ

　地主にとっては、現実問題、更新料をめぐって裁判になった場合は厳しい結果が予想されることが多いと思われます。したがって、なるべく話合いによって、更新料の支払いとその金額について、落としどころをみつけることも必要です。

　一般的な交渉では、一方だけにメリットがあり、他方にメリットがない場合、大抵うまくいきません。更新料については、一見すると、地主にとっては更新料がとれるメリットがありますが、借地人にとっては更新料がとられるだけでデメリットでしかないようにみえます。ところが中長期的には、実は借地人には更新料を支払うメリットがあるのです。更新料については、借地人にもそのメリットを認識してもらうことが必要となります。

　そこで、借地人が更新料を支払うメリットについて説明します。

b. 借地人のメリット

　更新料を支払うことは、借地人にとっても、地主と円満に土地の使用を継続できるメリットがあります。誰しも喧嘩はしたくありません。法的に守られているとはいえ、地主から借りた宅地の上に建物を建てて、生活の基盤としていることに変わりません。そうした関係は切り離せないので、借地権である以上、地主との関係は無論ずっと続いていくものです。

　ところが、借地人の中には、更新料に法的根拠がないことを笠に着て、地主の話に一切耳を傾けようとしない方もいます。知り合いのちょっと不動産に詳しい人に相談したら、そんなの支払う必要がないと言われることもあるようです。インターネットで調べてみても、同じような記事をたくさん目にするでしょう。こういう時、誰でも「自分にとって耳障りがよくて都合の良い話」を聞きたくなるものなので、そう思うのも仕方がないことかもしれません。また、アドバイスする方も更新料を支払う必要がないと言うのは簡単です。

　しかし、たとえ法的に更新料を支払う必要がなくても、実際上、「合意」による更新料の支払慣習があるのは事実です。裁判所の和解又は調停の場においてさえ、地主が更新料の支払いを求め、借地人にも更新料を支払うことを検討する余地がある場合には、更新料の支払いにより紛争の解決が図られることもあります。借地人は、ややもすると法的権利ばかりに目が向いて、不払いという目先の利益のために、更新料以上に高い代償を支払うはめになることも少なくありません。

c. 借地人のデメリット

　では、借地人の更新料不払いによる具体的なデメリットは何でしょう。心理的、評価的、実務的側面に分けて説明します。

（心理的側面）

● 法定更新で権利が保護されているとはいえ、地主が認めていない借地権というのは心理的に不安が残る。

● 地主が更新を拒絶する正当事由のある異議を述べたときは、更新は生じなかったこととなる。裁判では地主の正当事由が認められにくいといわれているが、実際は、裁判で決着がつくまで借地権の存在が不安定になる。

（評価的側面）

● 地主と円満な関係を築いていない借地権の財産価値は低い。

● 第三者に好条件で処分できない。

（実務的側面）

● 将来、借地権の処分の際、地主の譲渡承諾を期待できない。

● 増改築、建替え時に地主の承諾が必要な場合も地主の協力が見込めない。

● 借地上の建物を担保に入れる時、金融機関が求める地主の同意を得られない。

● 裁判所の代諾許可制度があるが、その手続には、時間と費用がかかる。いくら裁判所が迅速対応してくれるとはいえ準備を含めそれなりに時間はかかる。

d. 合理的な更新料

　以上のように、借地人にとって、更新料不払いのデメリットも大きいものです。地主には、法的根拠がないという弱点がありますが、借地人にもこのようなデメリットがあるということです。それらの善し悪しを総合的に勘案すると、どちらの立場であっても合意更新するメリットがあるで

しょう。

しかし、地主から提示する更新料が不当に高額であれば問題です。また、第１章「地代の値上交渉」で詳しく説明したように、更新料の交渉においても、地主の一方的な基準をもって、借地人にYESかNOの２つの選択肢を迫る交渉方法をとりがちです。借地人としても、逃げ場がなく、やむを得ず法定更新を選択せざるを得なくなっている場合もあります。

したがって、地主は合理的な範囲を超えた金額にならないよう注意することが必要です。借地人にも配慮を示して、説明のつく範囲で更新料を提示して、合意更新にむけて協議することをおすすめします。前述の「地代の値上交渉」の説明を更新料に置き換えてみるなどしてアレンジしてみてください。

借地人の立場からも、合理的な範囲の更新料であれば妥協点をみつけて地主と合意更新をした方が、法定更新よりもメリットが大きいことがお分かりいただけるのではないかと思います。

(4) 更新料の相場はいくらか？

更新料の相場については、裁判所では、上述のとおり、法定更新時における更新料の慣習は認めていないので、基本的には、公的な基準は存在しません。したがって、合意による更新料は、あくまでもお互いの話合いによって決まれば、極論すれば金額はいくらでもよいということになります。しかし、実際のところ、それだと話合いはまとまらないので、合意更新における支払慣習における一定の基準が必要です。そこで、以下を参考に、その契約の個別事情を踏まえて決めることをおすすめします。なお、割合を乗ずる基礎となる価格が「借地権価格」と「更地価格」との場合があるので読み間違えないようにご注意ください。

a. 競売不動産

　参考となる文献の１つに、裁判所の評価人が参考にする競売不動産の評価マニュアルがあり、「期間満了直前の借地権の評価において、更新料相当額を考慮することができる」とし、「更新料は、借地権価格の３〜５％を標準」としています（東京競売不動産評価事務研究会編　判例タイムズ第1075号　2002　p.76）。なお、更新料相当額を考慮する根拠として、「借地人に更新料支払義務を認めるからではなく、円滑な借地関係の継続を図るため、更新の際の更新料の授受がかなり慣行化されていること」としています（同上）。裁判所は、上述のとおり更新料の慣習を否定していますので、これはあくまで競売評価の実務上において、現実の取引実体をある程度踏まえたものだと思われます。

b. 判例

　当事者間で更新料を支払う旨の合意が有効とした上で、更新料の額を「借地権価格の６％程度」としたものがあります（東京地裁平成25年２月22日）。その判例の中で「他の賃貸借の事例では、更新料の額を借地権の価格の３％から10％程度とする例があり、本件土地の所在地に隣接する東京都江東区での事例では、借地の路線価の約10％から20％程度の例があることなどの事情をも勘案すると、本件における更新料の額は、借地権価格の６％程度に相当する500万円が相当である」とした不動産鑑定士の意見を裁判所が支持した事例です。具体的な考察がされているので、参考になる判例です。

c. 文献

　不動産鑑定士と税理士のダブル資格保持者で運営されている日税不動産鑑定士会という研究グループがあります。そこで昭和60年に調査されたとする「更新料の実態調べ」に基づいて、更新料は、更地の「実勢価格に

対して 3.5％」（鵜野和夫著『不動産の評価・権利調整と税務』清文社　2021　p.620）としています。

　無論、これを参考にする場合は昭和 60 年の地価を踏まえた判断が必要になりますが、更地価格の 3.5％は、借地権割合を 70％とすると借地権価格の 5％（＝ 3.5％ ÷ 0.7）となり、借地権割合を 60％とすると借地権価格の約 6％（≒ 3.5％ ÷ 0.6）となります。

d. 個別的事情

　なお、いずれにしても相場には一定の幅があります。また契約ごとに個別的な調整が必要です。そこで次に、更新料の金額の算定にあたって考慮されるべき契約の個別的事情について、法的側面と評価的側面に分けて説明します。これらを参考にして、話合いによる解決の一助にしてみてください。

（法的側面）

● 借地上の建物の老朽化の程度

　　旧法借地権の場合、借地上の建物の老朽化の程度を勘案します。旧法借地権の場合で期間の定めがないと、建物が老朽化して朽廃すれば借地権は消滅します（旧借地法 2 条）。

　　裁判で朽廃と認定されるケースは滅多にないとはいえ、不動産評価の視点でみると、建物の老朽化が進むほど、借地権の消滅リスクが相対的に高まっているといえます。この点、裁判所の競売評価例では、朽廃寸前の建物がある借地権は、通常の借地権価格と比べて、最大で 7 割引の評価になり得ます（東京競売不動産評価事務研究会編　判例タイムズ第 1075 号　2002　p.76）。つまり、借地権の価値を回復するために更新料を支払う意味は大きいので、その分更新料の金額が高くなると考えられるわけです。

逆に新しい建物の場合、借地権の消滅リスクが低いので、価格理論的には更新料の金額は相対的に低くなります。

● 地主に更新拒絶の正当事由がある場合

　地主が更新を拒絶する正当事由のある異議を延滞なく述べた時は、更新は生じなかったこととなるということは、すでに述べました（→ p.78 c.）。裁判では地主の正当事由が認められ難いとはいえ、裁判で決着がつくまでは借地権の存在自体が不安定な状態におかれることがあります。この場合の更新料は、借地人にとって借地権を安心して継続使用できる対価の意味が強まります。価格理論的には、地主に正当事由がある場合、その更新料は紛争の解決金の側面が強いため、相対的に高い金額になります。

● 更新料の上限は 10% ？

　更新料の上限についての指標として、判例に「約定された更新料の額は、土地の売買価格の一割という今日の世間相場からみれば異例に高額なものである」（東京地裁昭和 59 年 6 月 7 日）と言及したものがあります。

（評価的側面）

● 総額の問題

　単純に更地価格にその割合を乗じると、総額が嵩（かさ）むことがあります。一般的には、価格の総額が高ければ高いほど値引される傾向があります。特に、居住目的の借地権の場合、総額としての金額が高すぎることがないかについても配慮する必要があるでしょう。

● 地代との関係

　第1章 ② (2)「更新料との関係」（→ p.23）でも触れましたが、地代を安いまま据え置く変わりに、更新料を高くしていることがあります。逆に、地代を値上げするので、更新料は低い金額で折合いをつけ

ることもあります。更新料を「賃料の補充」と捉えれば、更新料の金額は、地代と一体とした関係と考えることができます。

● 借地人の支払能力

以上、いろいろな検討要因を述べましたが、実務上、結局のところ、借地人の支払能力によるところも大きいといえます。実際、昭和から平成にかかるバブル期で地価が高騰した時は、更地価格を基準とすると、更新料が高くなりすぎることがあったため、借地人の支払能力に配慮して、月額支払地代の 36〜120 ヶ月分といった計算方法も一部でみられました。

(5) 前払い・後払い問題

実務上、稀に更新料が前払いか、後払いかが問題となることがあります。

a. 前払い

更新料を前払い的性格と捉えている場合の発想です。要するに、更新料を次の契約期間まで借地するための前払い的一時金であるという立場です。これが問題になる具体的場面は、借地整理の場面でしょう。地主が借地権を買い取る際、借地人との条件交渉の中で、借地人から数年前に支払った更新料の一部を返却してほしいといった要望がでることがあります。

b. 後払い

更新料を後払い的性格と捉えている場合の発想です。要するに、更新料を過去の契約期間までの後払い的一時金であるという立場です。具体的には、借地期間の満了まで残り数年というところで、借地人から第三者に譲渡したいという申出があった場合、このまま契約が継続していれば支払いを受けるはずだった更新料はどうなるのかという疑問を持つ方がいます。

c. 正解はない

借地の場合、契約期間が長期にわたるので、前払いか、後払いかの区別は明確に判断できない場合が少なくありません。どちらの立場に立つこともできるため、正解はないといえるでしょう。それぞれの状況に応じて個別に対応するほかありません。

3 譲渡承諾料

すでに説明したように、借地人は、地主の承諾がなければ、賃借権である借地権を譲渡できません（→ p.69 c.）。ここでは、その承諾料について説明します。

(1) 譲渡承諾料とは

譲渡承諾料とは、譲渡の承諾に際して、借地人から地主に支払われる承諾の対価のことです。名義変更料や名義書換料などと呼ぶことがあります。呼び方が変わるだけで内容は同じです。以下では、譲渡承諾料と呼びます。

(2) 譲渡承諾料はとれるか？

賃借権に基づく借地権の場合は、地主には、いわゆる譲渡承諾権が法的に与えられています。民法612条で地主の承諾が必要とされているので、譲渡承諾料には法的根拠があります。したがって、その承諾の対価として承諾料はとれるのです。

これに対して、地上権に基づく借地権では、賃借権と異なり、「物権」として物や権利の直接的な支配が認められている強い権利ですので、地上権に基づく借地権の場合は承諾料はとれません。

(3) 譲渡承諾料の相場はいくらか？

a. 一般的な相場

譲渡承諾料の相場は、借地権価格の10％前後が相場です。なお、「更地価格」に対してではなく「借地権価格」を基礎とします。

b. 借地権価格

問題は、借地権価格をどのように算定するかです。実際の借地権の売買価格から計算するという方法もありますが、実際の売買は売急ぎ、買進み等の個別の事情によって売買金額が決まることが少なくありません。この点、文献では「借地権者の売買交渉の拙劣その他の事情により譲渡予定価格が低くなった場合に、その影響を受けて借地権設定者の受け取るべき給付額が低額となるというのは不当」（植垣勝裕編『借地非訟の実務』新日本法規 2015 p.356）とされています。

そこで、一般的な取引実務では、簡易的な方法として、地価公示や相続税路線価を0.8で割り戻した公的時価相当額に、借地権割合を乗じた借地権価格を基礎として計算する方法を採用することが多いでしょう。裁判でも、更地価格に相続税路線価に示された借地権割合を参考にした割合を乗じて算出するのが一般的とされています（裁判所職員総合研修所編「会社非訟事件及び借地非訟事件を中心とした非訟事件に関する書記官事務の研究」法曹会 2021 p.398）。ただし、土地や権利の個別性が強いケースで評価の意見が割れる場合は、不動産鑑定を利用するとよいでしょう。

c. 新たな契約書を取り交わす

地主が譲渡承諾を行う場合は、新しい借地人との間で、新たに土地賃貸借契約を交わすのが一般的です。その場合、存続期間については旧借地人の残存期間を引き継がず、一旦リセットして契約し直すことが多いようで

す。

d. 地代の増額

　地代が相場よりも安価な場合は、承諾料と併せて地代の増額を求めるの
が一般的です。裁判所が許可を出す場合も、従来の地代が不相当であると
認められる場合には、地代が増額されます。

（4）譲渡承諾料の交渉のポイント

　譲渡承諾料の交渉の際には、以下の点を気を付けるとよいでしょう。

a. 承諾条件の提示

　裁判所の許可によって、どのみち譲渡承諾されてしまうなら合意により
条件をまとめてしまうことです。地代についても合理的な範囲内で増額し
ます。裁判所の許可の場合、その条件に従う以外に方法はありません。裁
判をせずに、合理的な範囲で譲渡承諾の条件を決める方が、地主としては
最終的に良い結果になることも少なくありません。買主が再販目的の不動
産業者の場合、その先のエンドユーザー（一般消費者・最終購入者）に対
する再譲渡の条件まで含めて譲渡承諾の条件を協議してもよいでしょう。

b. 借地人の立場

　他方、借地人には、できるだけ円満な形で地主の承諾を取り付けること
をおすすめします。このタイミングで地主と承諾をめぐって揉めると、借
地権の処分そのものが難しくなることが少なくありません。
　次に、地主と揉めている借地権のマイナス面をまとめました。このよう
に、実は、借地人は、裁判所の許可によって法的には保護されているとし
ても、地主と揉めるとその処分は非常に難しくなります。

（買主の立場）

● 買主は、将来の建物増改築等に対する地主の承諾を期待できない。

● 買主が借地上の建物に担保権を設定するにあたって、金融機関から地主の承諾書の提出を求められることが少なくないが、これに対する地主の同意を得られない。

● 裁判では借地権の存続期間の延長が決定されることは少ないので、買主は借地権の残存期間が短い借地権を買うことになる。

● 買主が建替えを希望する場合、売主である借地人の方で、増改築又は条件変更についての裁判所の許可を得なければならないこともある。

（取引実務面）

● 不動産業者は、地主と揉めている借地権を取り扱わない場合が多い。

● 苦労して買主を見つけても、地主の承諾で揉めて売買の話が流れることが多い。

● ローンを利用しないで現金決済できる買主を見つける必要がある。

● 裁判所の許可は、借地人が「この裁判確定の日から３ヶ月以内に、地主に対し、○○万円を支払うことを条件」とされるのが一般的であるが、許可後に買主との話が流れると、再度の手続が必要。

（評価面）

● 好条件で借地権を処分できない。

● 裁判所の許可がでるまで、地代の金額が決まらない。

● そもそも値が付かないことも。

(5) 借地上の建物を第三者に賃貸する場合

借地人が借地上の建物を第三者に貸し出す時があります。この場合、譲

渡承諾料はとれません。借地人が建物を第三者に賃貸した場合、土地を又貸ししたことにはならないからです。借地人はあくまで建物を貸したにすぎないと考えます。

(6) 借地人の「相続」

a. 承諾料はとれるか？

次に、借地人が死亡して、相続人がその借地権付き建物を取得した場合です。「相続」とは、借地人が死亡した場合に、その者の有していた財産上の権利義務をその配偶者や子どもに承継させる制度です。相続人は被相続人の財産上の権利義務を「当然に」承継することとなりますので、借地人が死亡して、相続人が借地権を相続した場合、法的には地主の譲渡承諾は必要ありません。

なお、法的には承諾の必要がなくても、実際、借地人が誰名義になったのか分からないのも困るので、できることなら契約書を書き換えておいた方が後々のトラブルを防ぐことにつながります。

b. 借地人から息子等への生前売買

借地人が相続対策などの何らかの事情によって、生前（相続発生前）に妻や息子などに売却・贈与する場合があります。この場合、相続ではありませんので、地主の譲渡承諾が必要です。ただし、将来借地人が死亡すれば相続によるものとして承諾料を支払う必要がなく、名義変更することができます。このように考えると、譲渡承諾料は通常よりも低く、借地権価格の3%前後が採用されることが多いようです。

以下、借地非訟事例を紹介します。

- 譲受人は、相続人であり、一般の場合に比べて少なくとも低額にとどめるべきものとして、譲渡承諾料を借地権価格の2%とした事例（東京地裁昭和50年（借チ）第2009号）

● 譲受人は、相続人であり、ほかに増改築許可において更地価格の2.5%の承諾料を負担しているので、譲渡承諾料を借地権価格の2%とした事例（東京地裁昭和55年（借チ）第2090号）

4 借地非訟

(1) 借地権の譲渡と非訟手続

a. 借地権の譲渡・転貸の許可

　借地権は無断で譲渡することはできず、地主の承諾なく譲渡や転貸をすると、地主は賃貸借契約を解除できます（民法612条）。地主としてはきちんと賃料を支払ってくれるかどうか等、借地人がどのような人なのかは重要な問題ですから、勝手に借地人が代わってしまうのは避けたいところです。

　とはいえ、借地人にすれば、借地権は土地を利用できる権利であって1つの財産権ですから、自分は必要なくなっても借地権の存続期間がある限り、その財産権を他に譲渡して収益化したいと考えるのは無理からぬところです。特に借地上に建てられた建物に設定された抵当権が実行されたような場合、抵当権の効力は借地権にも及ぶため、借地権も建物と一緒に競売されてしまいます。

　そこで、借地借家法は、そうした借地権の譲渡・転貸をしても、地主に不利となるおそれがないにもかかわらず、地主が承諾をしないときは、借地人は地主の承諾に代わる許可を裁判所に請求できることを認めました（借地借家法19条）。また、借地上の建物を競落した者等も同様に地主の承諾に代わる許可を裁判所に請求できます（借地借家法20条）。

　この制度は、借地人のための制度ですが、単に許可するかどうかだけでなく、許可の条件として借地人が支払う承諾料などについても裁判所が判

断することになりますので、地主側もこの制度の概要は予め知っておいた方がよいでしょう。

b. 非訟手続

地主の承諾に代わる許可を裁判所に求める請求は、「非訟手続」によって行われます。「非訟」とは「ひしょう」と読み、耳慣れない言葉かもしれませんが、裁判所が訴訟手続によらないで判断を下す手続です。簡単に言えば、通常の訴訟手続よりも簡素な手続です。

訴訟に基づく裁判所の判断は「判決」ですが、非訟手続による裁判所の判断は「決定」という形でなされます。実際の効力は判決と大きく変わるところはありません。

借地非訟手続については、東京地方裁判所のウェブページに比較的分かりやすい解説があります。

(2) 借地非訟手続の種類

借地に関わる非訟手続を「借地非訟手続」といい、借地借家法の第41条から第60条に手続についての規定があります。この借地非訟手続で扱う事件としては、前記の借地権の譲渡・転貸に対する許可を求める事件を含め、次の5つがあります。

a. 借地条件変更申立事件（借地借家法17条1項）

借地契約には、借地上に建築できる建物の種類（居宅・店舗・共同住宅等）・建物の構造（木造・鉄筋コンクリート造等）・建物の規模（床面積・高さ等）・建物の用途（自己使用・賃貸用・事業用等）などを制限している例が多く見られます。このような制限を「借地条件」といいます。

借地人が、こうした借地条件を変更して、建物を新しく建て替えたい場合、地主との間で借地条件を変更する旨の合意をすることが必要になりま

すが、地主との間で合意をすることができないことがあります。このような とき、借地人は、借地条件変更の申立てをして、裁判所が相当と認めれ ば、借地契約の借地条件を変更する裁判を受けることができます。

b．増改築許可申立事件（借地借家法 17 条 2 項）

借地契約には、借地上の建物の増改築をする場合に地主の承諾が必要で あると定めている例が多く見られます。a. と同様、このような場合で、借 地人が増改築をしようとしても、土地所有者の承諾を得られないときは、 借地人は、増改築許可の申立てをして、裁判所が相当と認めれば、地主の 承諾に代わる許可の裁判を受けることができます。

c．借地契約更新後の建物の再築の許可申立事件（借地借家法 18 条 1 項）

契約の更新後に建物が滅失した場合は、第 3 章 ② （5）b.（→ p.82）で 説明したように、借地権設定者の承諾を得ずに存続期間を超えて存続すべ き建物を築造したときは、借地権設定者は、借地権の解約を申し入れるこ とができます（借地借家法 8 条 2 項）。しかし、存続期間を超えて存続す べき建物を新たに築造することについてやむを得ない事情がある場合もあ ります。そのような場合には、借地権者は、裁判所に対し、借地権設定者 の承諾に代わる許可の裁判を申し立てることができます。

d．土地の賃借権譲渡又は転貸の許可申立事件（借地借家法 19 条 1 項）

これは、前記（1）（→ p.196）で述べたとおりです。

e．競売又は公売に伴う土地賃借権譲受許可申立事件（借地借家法 20 条 1 項）

借地人が借地上に建物を建築した場合、借地人がその建築費用を金融機 関から融資を受け、その金融機関が建築された借地人所有の建物に「抵当

権」を設定する場合があります。そして借地人がその返済ができなくなったときには、金融機関は抵当権を実行して建物を競売し、競売代金から返済を受けることになります。このような場合、抵当権は建物だけでなく借地権にも効力が及び、借地権も建物を競落した（買い受けた）人に帰属することになります。

　借地上の建物を買い受けた人は、競売又は公売に伴う土地賃借権譲受許可の申立てをして、裁判所が相当と認めれば、地主の承諾に代わる許可の裁判を受けることができます。

f. 借地権設定者の建物及び土地賃借権譲受申立事件（借地借家法19条3項、20条2項）

　上記のc.及びd.の場合、地主には自ら土地の賃借権を借地上の建物と一緒に優先的に買い取ることができる権利が与えられています。これを「介入権」と呼びます。

　地主は、裁判所が定めた期間内に限り、介入権を行使する申立てをすることができます。裁判所が定めた期間内に介入権行使の申立てがあると、原則として、地主が借地権者の建物及び土地の賃借権を裁判所が定めた価格で買い受けることになります。介入権については地主側にとって重要ですので、次項以下で詳しく説明します。

　（注）　令和元年（平成31年1月〜4月、令和元年5月〜12月）の全地方裁判所における借地非訟事件新受件数323件のうち、土地賃貸借譲渡等許可申立事件が172件、借地条件変更申立事件が21件、増改築許可申立事件が62件、競公売に伴う土地賃貸借譲受許可申立事件が21件、介入権申立事件が47件である（令和2年3月2日集計）（裁判所職員総合研究所編「会社非訟事件及び借地非訟事件を中心とした非訟事件に関する書記官事務の研究」法曹会　2021　p.326）

(3) 地主の介入権

　借地権の譲渡又は転貸の許可の裁判の申立てがあった場合、借地権設定者（地主）は、借地人の建物の譲渡及び賃借権の譲渡又は転貸を受ける旨の申し立てをすることができます（借地借家法19条3項）。また、借地上の建物が競売又は公売された際の賃借権譲渡についても同様の規定があります（同法20条2項）。これが「介入権」です。

　すなわち、地主には、自ら優先的に借地権（及び借地上の建物）を買い取ることが認められており、これによって、望まない第三者との借地契約を避けると同時に、借地権の負担のない所有権を取り戻すことが認められているのです。譲渡の対価は、裁判所が決めることができます。他方、借地権を譲渡しようとする借地人としても、借地権と共に建物も買い取られますから、地主からその対価を得られるので、譲渡したのと同様の経済的効果を得ることができます。

　この地主による介入権行使は、借地非訟手続の中において、借地人からの申立てから裁判所の定めた一定の期間内にしなければなりません。最低でも14日の猶予はありますが（借地非訟事件手続規則12条3項）、決して長くありませんので、介入権を行使するかどうかは迅速に判断する必要があります。

5　介入権価格

(1) 前説

　裁判所が介入権価格を決めてしまうと、借地人が取り下げしなければ、地主はその金額に納得いかなくても、原則として、裁判所の決定した金額で買わなければなりません。また、前記のとおり、裁判を円滑に進めるた

め、地主は、早い段階で、介入権を行使するかどうかの判断を求められます。したがって、地主は、早めの準備が必要です。

(2) 介入権価格の評価

そこで、裁判所が決定する介入権価格を事前にある程度、把握しておく必要があります。

a. 借地権価格

裁判例によると、借地権価格は、一般的には、次の算式で計算されています。

（算定式）
（更地価格 － 建付減価額） × 借地権割合 ＝ 借地権価格

次に、実際の裁判例を元にした具体的な計算式を示します。

更地価格		建付減価額		借地権割合		借地権価格
（52,300,000 円	－	200,000円）	×	0.7	＝	36,470,000 円

● 建付減価額

建付減価額とは、その建物が建っていることによって、更地価格と比べて価値が低下している場合のその減価額のことです。

● 借地権割合

借地権割合は、相続税路線価図に示された借地権割合が1つの目安とされていますが、その割合に拘束されることなく地域の借地権取引の実情及び契約の個別事情に応じて査定されることになります。（→ p.146 c.）。

● 譲渡承諾料の勘案

借地権価格から譲渡承諾料10%を差し引きます。借地人からすると、第三者に売却する際に地主に譲渡承諾料を支払うことになるので、地主に売る場合でも、借地人の手取りは変わらないからです。地主としても、第三者に売却した場合は、譲渡承諾料を受け取ることになるので、それを考慮したものです。

借地権価格 譲渡承諾料
36,400,000 円　×　（1　−　0.1）　＝　32,760,000 円

● 評価ポイント

借地権価格に関していえば、実際に不動産市場で決まる価格は、更地価格に対して相続税路線価に記載された借地権割合を乗じた借地権価格よりも、ずっと低くなる場合が少なくありません。裁判所の評価では、どの程度、実勢価格を反映してもらえるかという問題があります。一般的に、更地価格に相続税路線価の借地権割合を単に乗じると、実勢価格と乖離が生じる場合があり得ます。

b. 建物価格

建物価格は、まず再調達原価を求め、これに減価修正を行って算定されることになります。「再調達原価」とは、評価時点において、その建物を再建築した場合にかかるであろう建築費のことです。また、「減価修正」によって求めた再調達原価に対する現在の建物価格の割合のことを「現価率」といいます。

再調達原価 現価率 建物価格
12,000,000 円　×　0.0125　＝　150,000 円

● 評価ポイント

建物が古く相当老朽化している場合、実際の取引市場では、借地権

価格から建物の解体費用相当額を差し引くのが通常です。しかし、介入権価格では、一般的には、建物の解体費用を控除しません。借地権価格は建物の存在を前提とする価格であると考えられるからです。したがって、実勢価格よりも高い評価になる可能性があり得ます。

c. 合計

借地権の対価 　　　建物の対価

32,760,000 円　　+　　150,000 円　　=　　32,910,000 円

d. 第三者の借家権の考慮

借家人がいる場合、上記の合計金額から、借家権を控除する場合があります。「借家権」とは、「しゃくやけん」または「しゃっかけん」と読みます。これを控除するのは、借家人は居住権が保護されているため正当事由がない限り退去させることはできないことから、建物所有者にとっては立退料相当分のマイナスが発生しているという考え方に基づきます。しかし、一般的な市場では借家人がいることは家賃収入を生んでいるのでプラスの評価に働くことも少なくありません。裁判例では、これを控除するか否かは個別の案件に応じてケースバイケースで対応しています。

参考までに、以下の事例を紹介します。

① 　共同住宅で第三者（建物賃借人）の借家権が生じているとして、建物について 30％、借地権について 10～15％を控除している事例（東京地裁昭和 54 年（借チ）第 2052・2030 号、東京地裁昭和 55 年（借チ）第 2005・2062 号）。

② 　建物を第三者に貸しているにもかかわらず、借家権を控除していない事例（東京地裁昭和 55 年（借チ）第 2120・2012 号）。

e. 不法占拠者がいる場合

　不法占拠者がいる場合、その明渡しのための費用を控除することがあります。第三者が不法占拠に該当し、明け渡す見込みがない場合は、その費用相当を減価します。

(3) 地主の合理的主張が考慮された裁判例

　介入権価格の決定にあたって、地主の主張が考慮された事例があります。以下、2つの裁判例を紹介します。

事例1：売値が考慮された判例

　以下の事例は、当事者同士の交渉過程の価格が配慮された事例（東京地裁昭和52年（借チ）第2064・2080号）です。
- ⓐ　当事者の交渉の過程で地主が売値として主張した額 25,212,000円から譲渡承諾料相当額として1割を差し引いた額　22,690,800円
- ⓑ　裁判所が意見を求めた鑑定委員会による額　27,400,000円
- ⓒ　裁判所がその中間値で決定した額　25,045,400円

事例2：地主が提出した不動産鑑定書が採用された判例

　以下の事例は、裁判所が地主のいわゆる私的な不動産鑑定書を採用した事例（横浜地裁昭和52年（借チ）第23・46号）です。
- ⓐ　地主が提出した不動産鑑定書による額　22,002,000円
- ⓑ　鑑定委員会による額　31,970,000円
- ⓒ　裁判所が採用した額　22,002,000円

　なお、裁判所は、鑑定委員会（※）に意見を求める前に、当事者の陳述を聴かなければならないとされているので（借地非訟事件手続規則17条2）、上記のような地主側のいわゆる私的な不動産鑑定書は、その陳述の際

に提出されたのではないかと推察します。

6 増改築承諾料

(1) 定義

「増改築承諾料」とは、借地上の建物の増改築をする際の承諾の対価として支払われる承諾料のことです。なお、増改築承諾料は、全面的に建て替える際は、建替承諾料とも言われます。以下では、増改築承諾料と呼びます。

a. 全面的建替え

既存古家を解体して、新築建物に建て替えること、すなわち全面的建替えも増改築に該当します。一般的な感覚では、増改築に新築を含むことに多少の違和感がありますが、建築基準法では、既存建築物のある敷地に新たに建築することは増築に当たります。

b. 増改築承諾の性格

その性格は、当事者間の利益の均衡を図ることにあります。増改築により、借地人が使用収益の増加、利用効率の向上、建物耐用年数の延長等の利益を受け、借地権の価値が高まる一方、地主はそれに伴う底地価格の低下によって不利益を被ることになるので、その経済的損失を補填するということです。

c. 修繕の程度

借地人の計画している修繕のうち、どこまでが増改築に当たるか問題になることがあります。一般的な判断基準は、建物の残存耐用期間に影響するかどうかです。残存耐用期間とは、要するに建物の寿命のことです。屋根の全面的ふき替えなども、これに該当する場合があります。

(2) 増改築承諾料はとれるか？

増改築禁止特約がある場合、それを承諾する対価として承諾料をとるのが通常です。一般的に、建物の増改築の禁止特約をつけていることがほとんどです。しかし、この特約がないと地主は承諾料をとれません。契約書がない場合も特約の存在は認められません。

ただし、あくまで法的にはそういう取扱いになっていますが、実務上、禁止特約がなくても借地人との合意によって増改築承諾料をとっている場合があります。実際、借地人は工事会社との契約や融資を受ける際、トラブル防止の観点から、その担当者から地主の承諾をとるよう要請されることがあるようです。また、あとから特約のある契約書が見つかることがないともいえません。

なお、特約がある場合で、地主がその承諾をしないときは、裁判所は代諾許可を出すことができます（借地借家法17条）。

(3) 増改築承諾料の相場はいくらか？

以下では特に断りがない限り、増改築禁止の特約がある前提で説明します。

a. 相場

増改築承諾料の相場は、一般的には、全面的改築の場合、更地価格の3％を基準とし、効用増に応じて、5％程度までです。効用増の例として、

床面積の増加や収益物件の建築による収益の増加等が当たります。また、部分的な増改築の場合は、借地全体に占める増改築部分の面積割合に応じて計算されている例があります。具体的には、増改築の対象となる敷地を、借地全体の4分の1と評価し、4%の承諾料に4分の1を乗じて、更地価格の1%としたものがあります（東京地裁昭和49年（借チ）第1010号）。なお、裁判例では、原則として、借地期間の延長の付随処分はされていません。付随処分とは、裁判所の代諾許可に付随するその他の処分のことです。

（参考）部分的な増改築の対象となる敷地の計算例

　判例ごとにケースバイケースですが、部分的な増改築の場合の一般的な計算例を示します。

（計画）

敷地面積……300㎡

既存建物……100㎡

新たに増築する面積……50㎡

（計算例）

敷地面積		増築面積		増築面積		既存面積		増改築の対象となる敷地
300㎡	×	50㎡	÷（	50㎡	＋	100㎡	）＝	100㎡

---

b. 当事者その他一切の事情を考慮

　裁判例では、その算定において、当事者その他一切の事情を考慮するとされています（借地借家法第17条4項）。

　以下、具体例を紹介します。

事例１：増改築による採光の妨害（日照権侵害）

・事情……増改築によって隣接する地主側の敷地の採光が妨害される

・鑑定委員会の意見……754,000円（増改築承諾料）

・裁判所の決定……改造に伴い、地主側の自然光線の採光が妨害されることによる人工光線設置の必要性及びその当事者間のその他一切の事情を考慮して、鑑定意見の額に若干上乗せして、1,000,000円とする（東京地裁昭和52（借チ）第1005号）。

事例２：やむを得ない増改築

・事情……公共事業による増改築

・増改築の状況……木造２階建居宅兼物置　１階19.8㎡、２階19.8㎡（現存建物の一部を取り壊し増築、その他の部分は床工事）

・裁判所の決定……止むを得ないものであること、その他諸般の事情を考慮して無条件（承諾料なし）で許可（鹿児島地裁昭和53（借チ）第1号）。

（4）地代の増額

　地代が相場よりも安価な場合は、この承諾料と併せて地代の増額を求めるのが一般的です。ただし、これは従前の地代が不相当な場合にこれを補正するものです。この点、文献では「このうち、土地の利用効率の増大については、本来、財産上の給付において考慮されるべきものであり、財産上の給付によってはまかないきれない部分について、賃料の改定で対処すべきものであって、二重に評価することのないよう留意しなければならない。」（植垣勝裕編『借地非訟の実務』新日本法規　2015　p.284）とされています。

(5) 増改築名義に注意

　増改築の名義は、借地人本人の名義であるはずです。例えば、借地人の長男が増改築するような場合、借地権の一部無断譲渡の問題が発生します。名義については、市区町村の建築指導課等の窓口などで、建築確認の申請を調べると分かることがあります。

7 条件変更承諾料

(1) 定義

　条件変更承諾料とは、契約上の借地条件を変更して、借地上の建物を建替える際の承諾の対価です。この場合、借地条件を変更することと、建て替えることは2つの行為ですが、実務上、条件変更して建て替えることはセットですので、一連の手続として扱われます。具体的には、非堅固な建物を堅固な建物に建て替える場合です。木造から鉄筋コンクリート造等への建替えなどが当たります。また、建物の用途変更を伴う建替えなども同様です。居住用から事業用への変更などがこれに当たります。

　増改築承諾料は、契約上の借地条件を変更しない前提ですが、条件変更承諾料は、借地条件の変更をする点で違います。なお、その性格や禁止特約が前提となっていること等については、増改築承諾料の説明と同じです。

(2) 条件変更承諾料の相場はいくらか？

a. 相場

　条件変更承諾料は、一般的には、更地価格の10％前後が目安です。条件変更して建て替えることがセットですので、この中には、増改築承諾料

相当額が含まれます。なお、近年の裁判例では、原則として、存続期間の延長の付随処分はされていません。

b. 高い事例と低い事例の紹介

　借地非訟事件では、更地価格の10%前後で決まることが多いのですが、10%「前後」と多少の幅があります。土地の利用効率の程度や個別事情によっても違うようです（借地借家法第17条4項）。以下、参考例を紹介します。

（10%より高い裁判例）

ⓐ　商業地域、防火地域、容積率700％又は800％に指定され、従来の普通商業等の地域が刻々と高度商業地域へと変容しつつある地域において、堅固建物への建替え予定の場合で、更地価格の12％とした事例（東京地裁昭和50年（借チ）第7号）

ⓑ　近隣商業地域、準防火地域に指定され、漸次堅固高層建物が増加している地域において、堅固建物への建替え予定の場合で、更地価格の15％とした事例（名古屋地裁昭和51年（借チ）第3号）

（10%より低い裁判例）

ⓐ　近隣商業地域、準防火地域、容積率400％に指定され、契約当初は木造の小売店舗が建ち並んでいたが、現在は中高層の店舗居宅が多い地域において、鉄筋コンクリート造4階建事務所兼居宅への建替え予定の場合で、更地価格の7.2％とした事例（東京地裁昭和56年（借チ）第7号）

ⓑ　第2種住居地域、準防火地域に指定され、従来木造建物が主流であったが、遂次堅固な建物に変わってきている地域において、鉄骨造3階建居宅への建替え予定の場合で、更地価格の7.3％とした事例（東

京地裁昭和 55 年（借チ）第 61 号）

(3) 地代の増額

　借地条件の変更により、借地を有効に利用することで土地の効用が増すので、承諾料と併せて地代の増額を求めることが一般的です。

(4) その他の条件変更

　同じ条件変更であっても、建替えを伴うような大きな条件変更ではない場合もあります。具体的には、契約上、借地上の建物を自宅用に限ると定めているのに、現存建物を原則としてそのままで借地人が「店舗」利用して収益を上げたいという場合や、自営店舗として用途を定めているのに、建物を第三者に貸したいという場合などです。その承諾料の性格を、借地権の価値が高まることによる地主の経済的損失を補填するという立場にたつと、借地権の価値が変わらない場合は、地主の経済的損失は生じません。地主に大きな不利益が少ないのであれば、その承諾料は、評価理論的には相対的に低くなります。一般的には、増改築の相場の下限である 3% より低い割合になるでしょう。この点、現存建物をそのまま利用し、建物の用途のみを変更した場合の裁判例として、文献に「「借地への専用住居」という借地条件を、「賃貸用」に変更する場合に、更地価格の 2 パーセントの財産上の給付を命じたもの（東京地決平成 24 年 7 月 31 日」（植垣勝裕編『借地非訴の実務』新日本法規　2015　p.230）があります。

第8章

共有地に絡む
トラブル

ケーススタディ
むちゃくちゃな兄嫁

■兄から継いだR商事

　私が社長をしているR商事株式会社は、父の代までは材木商としてそれなりに手広く事業を営んでいました。しかし、既に材木商は廃業し、今では所有地を賃貸したり所有地に建てたマンションからの賃料を得ているのみの小さな同族会社という状況にあります。前社長の私の兄が亡くなった後、兄の子は会社員でR商事を継がなかったため、自営業を営んでいた私がR商事を引き継ぎました。おそらく私の子も、この会社を継ぎはしないでしょうから、R商事は、いずれ会社の財産を整理して、私の代で会社は畳まなければならないと考えています。

　そんなとき、前社長の奥さん、つまり兄嫁が、R商事が所有する賃貸マンションの住人とR商事を被告として、訴訟を提起してきたの

です。マンションの住人には立退きを、R商事にはマンションを取り壊せと請求してきたのです。まったくもって、めちゃくちゃな話です。

■少し複雑な土地の所有関係

実はこのマンション、R商事と兄嫁の共有地と、兄嫁とその娘（私にとっては姪）の共有地という2筆の土地の上に建っていたのです（p.217の図参照）。これらの土地はもともと兄の所有地で、兄の遺言によってこのような所有関係になりました。兄としては、会社と遺される妻のことを考えた上でのことだったとは思います。でも、現実には、兄嫁との共有関係が会社を危機に陥れるきっかけになってしまったのです。

R商事はこれら2筆の土地の上に1棟の賃貸マンションを建設し、その賃料は兄嫁らと分けることになっていました。そして、R商事と兄嫁らとの間に土地の賃貸借契約は締結されていなかったものの、賃料相当額を株主配当として兄嫁に支払っていました。R商事としては、それを賃料と認識していました。

ところが、あるときから、その額が少なすぎると、兄嫁は不満を言い出しました。誰かに唆されたのでしょうか。何故そのようなことを突然言い出したのか皆目見当が付きません。とにかく会社に対してもっと支払額を増やせと言うのです。しかし、会社には増額に応じられるような経済的余裕はありませんでしたので断りました。

そうしたら、いきなり裁判所から訴状が届いたのです。

■訴状の内容

訴状は、R商事の賃貸マンションが建つ、兄嫁と姪の共有地について兄嫁らとR商事との間に何の契約も取り交わしていなかったため、

その土地にR商事がマンションを建て、土地の全部を占有している
のは不法占拠だというのです。その上、マンションの住民までを被告
にして「マンションから出て行け」と訴えてきたのです。まったくむ
ちゃくちゃです。

　特に、会社にとって不利だったのは、兄嫁とR商事との共有地は
公道に接していなかったことです。公道に面しているのは、兄嫁と姪
の共有地の方だったのです。これが逆だったら、兄嫁もここまで強気
にはなれなかったのではないかと思います。公道に接していないと建
物が建てられないからです。私は、八方塞がりではないかと頭を抱え
ました。

■裁判

　無論、R商事としては、弁護士に依頼して訴訟に臨みました。一方
で、訴えられたマンションの住人にしてみれば、面倒な訴訟に巻き込
まれたくはありません。ごく一部の人を除き、次々と退去していきま
した。空室が増えたからといって、こんな状況で新規募集ができよう
はずもなく、マンションからの賃料収入は激減してしまいました。

　弁護士が言うには、こうした裁判では、たいてい裁判所は和解をす
すめてくるものだそうです。その言葉どおり、審理がある程度進む
と、裁判所から和解案を求められました。無論、言われるがままマン
ションを取り壊すわけにはいきません。R商事が大きな損害を被るこ
となく、味方してくれた数少ないマンションの住人の方にも迷惑をか
けず、兄嫁が納得する和解案。よい案が浮かびません。とりあえず、
マンションの維持を図るには、少なくとも兄嫁らに賃料を支払わねば
なりません。そこで、幾らくらいが適当なのかを不動産鑑定士に相談
することにしました。

■和解案の模索

　私は不動産鑑定士事務所を訪れ、問題の土地について説明しました。和解案のための鑑定依頼ですので、当然、事件の経緯も説明することになりました。賃料額は、周辺事情にもよるということなので、マンション周辺の事情も説明しました。すると、不動産鑑定士の方はマンションの隣の土地に目を付けました。

　その隣地は、R商事の賃借地で私の叔父の自宅があります。兄が社長のとき、事業を手伝ってもらおうと叔父を呼び寄せ、自宅の隣の土地を借りて叔父の住居を建てたのです。叔父は、既に会社の経営からは引退していましたが、そこを終（つい）の住処（すみか）と定め、今でも住んでいます。その土地の地主、つまり賃貸人は地元の有限会社T商店です。叔父の自宅が建つこの賃借地とマンションが建っている2筆の土地を合わせれば1,000㎡を超えます。鑑定士の方はそこに目を付けたのです。

　今ある賃貸マンションを取り壊し、隣地と合わせてより規模の大きいマンションを建てようというアイディアです。むろん、そうなると資金の面からも私らだけでは無理です。マンション開発業者の協力が不可欠です。そして、鑑定士の方は「マンションデベロッパーに心当たりがあります」と言うのです。

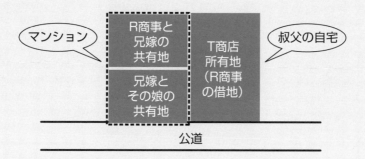

■再開発計画

　土地は数筆をまとめることができれば、そこに収益性の高い大規模なマンションや商業施設を建設することができます。そうした「再開発」を前提にした土地の売買価格は、それがない場合の数倍に跳ね上がります。できあがったマンションや商業施設の中に、提供した土地の価格に応じて地主が区分所有権や持分を取得するという「等価交換」という手法もあります。いずれにしろ、再開発により、個々の土地の価値・価格が大幅に向上します。土地の有効活用というものです。

　私も最初は、こんなことができるのかと少し驚きました。でも、R商事のみならず、兄嫁たちにとっても決して損になる話ではありません。こうした全ての当事者が利益を手にできる前向きな和解案であれば、裁判所も兄嫁たちも納得してくれるに違いありません。早速、具体案の策定をお願いしました。

　心当たりのデベロッパーN不動産は、高級マンションを展開しており、私たちの土地の周辺にも2棟ほどマンションを建てています。周辺地域は、十数年前に美術館ができたのをきっかけに若者向けの垢抜けた店が増え、住宅地としての人気が上昇してきました。N不動産からは、3筆の土地を一緒に取得できるのであれば話に乗るとの回答を得ることができました。マンション用地を探していたN不動産としては、3筆の土地の錯綜する権利関係を整理してくれるなら、渡りに船というところなのかもしれません。問題は、兄嫁の説得と、隣地の底地権者（地主）であるT商店と借地権者の叔父を説得することでした。

■説得

　隣地の底地権者であるＴ商店は二つ返事で話に乗りましたが、意外に難航したのは叔父の説得でした。叔父は、兄に呼び寄せられ、終の住処として越してきたのです。それなのに立ち退かなければならないということに納得がいかないというのも分からないではありません。ですが、近隣に叔父の転居先を探し出し、弁護士らと共に説得し、なんとか納得してもらいました。

　ここまでくると、次は具体的な和解案です。３筆の土地をまとめて約８億円で売却することを前提に、兄嫁には２億円支払うという案を提示しました。兄嫁は、突然の再開発計画をよく理解できず、理解できないものはとりあえず拒否するという感情からか、和解案に難色を示しました。

　しかし、幸いなことに兄嫁側の弁護士は不動産方面にはたいへん詳しい高名な方で、「よくこれだけの計画をまとめましたね」と、この再開発計画を認めてくれました。兄嫁側の弁護士が兄嫁を説得してくれたお陰もあって、兄嫁の態度も軟化してきました。相手方の弁護士すら認めてくれた和解案です。もちろん、裁判所も納得してくれました。

■和解成立

　こうして和解が成立し、３筆の土地はＮ不動産に譲渡され、売却代金は、兄嫁、姪、Ｒ商事、Ｔ商店、叔父で分配し、叔父もほど近い場所に転居していきました。残っていたマンションの住人の方々には、十分な立退料を支払うこともできました。兄嫁のむちゃくちゃな訴訟から八方塞がりの感がありましたが、不動産鑑定士さんに相談してからは風向きが変わり、いろいろとすったもんだがありましたが、なん

とかこうした形で関係者全員が利益を得る、いわば Win-Win の形で解決することができました。

　もちろん弁護士の先生にもたいへんお世話になりましたが、やはり餅は餅屋とでも言うのでしょうか、今回は不動産鑑定士さんでしたが、不動産のことは不動産の専門家に相談するのが最も良いということを痛感しました。

　むちゃくちゃな兄嫁の訴えから、災い転じて福となすといったところでしょうか、R 商事も結果として 3 億円超の現金を手にすることができ、関係者には大変感謝しています。今となっては、兄嫁にすら感謝してもいいような気すらしています。

1 兄嫁からR商事が立退請求された理由

(1) ケーススタディの特徴

　本事案では、R商事と賃貸マンションの住人を被告として、主人公の兄嫁から訴訟が提起されました。住人には立退きを、マンションの所有者であるR商事にはマンションを取り壊して土地を明け渡せという請求です。まずは、どうしてこのような訴訟になったのか、土地をめぐる法律関係がどうなっていたのかをみてみましょう。

　問題となっている土地は、R商事と兄嫁の共有地及び兄嫁とその娘との共有地、2筆の土地です。これらの共有地の上にR商事所有のマンションが建っています。要は、2つの土地に1棟のマンションが建っており、2つの土地はどちらも共有地です。

　なお、民法の共有に関する規定は、令和3年に改正され、それは令和5年4月1日から施行されます。そこで、共有関係の民法の条文を引用するにあたっては、従来のものと共に「新○○条」と改正後のものを付け加えています。

(2) 共有地の利用関係

　まずはR商事と兄嫁との共有地です。共有地の利用関係については、各共有者が、共有物の全部について、その持分に応じた使用をすることができます（民法249条／新249条1項）。そして、共有物の管理に属する事項は、各共有者の持分の価格に従い、その過半数で決することになっています（民法252条／新252条1項）。共有物を具体的にどのように使用するかは、共有物の「管理」に属することになりますので、持分の価格の過半数で決することになります。

R商事と兄嫁のそれぞれの持分は2分の1ずつですので、どちらか一方の意思だけで利用の仕方を決めることはできませんが、実際にはR商事が利用するという協議が両者の間で成立していたとみられます。また、仮にそうした協議がなかったとしても、判例は、共有者の一部が他の共有者に無断で共有物の全部を独占して使用・占有していたとしても、他の共有者が独占している共有者に対し、当然にその明渡しを請求することはできないとしています。

　したがって、R商事が、兄嫁とその娘の共有地を利用していても、明渡請求はできないということになります。

(3) 問題は兄嫁とその娘の共有地

　問題は、兄嫁とその娘の共有地の方です。こちらはR商事からみれば完全に他人の土地ということになります。その土地の上にR商事所有のマンションが建っていたのですから、そこに何らかの利用関係があったということになります。しかし、R商事は兄嫁らと土地について賃貸借契約はもとより何ら契約を締結していませんでした。この点をどうみるかが問題となってきます。

　本件において、R商事としては、土地の賃料分については、兄嫁やその娘がもっているR商事の株式の配当金として支払っていたということですが、法律的にいえば、それはあくまでも株式に対する配当金であって、土地利用の対価である賃料ではないということになります。

　そうなると、R商事は、兄嫁とその娘の土地を無料で使用しているということになります。R商事が土地を利用している法的根拠は「使用貸借契約」ということになります。これが、兄嫁の請求の根拠になったのです。

(4) 借地借家法が適用されない使用貸借契約

　「使用貸借契約」とは、無償で目的物を使用、収益をさせる契約です

（民法593条）。

　そして、借地借家法が適用されるのは「賃借権」、すなわち対価を払って土地を使用、収益する場合です（借地借家法1条）。たとえ建物所有目的であっても、無償で貸す借りるという土地の「使用貸借契約」には、借地借家法の適用はありません。無償なのですから、借主保護の必要性も少ないですし、借主をあまりに保護することは、地主にとっては酷にすぎるからです。

　土地の使用貸借は、土地を無償で使用・収益させるというのですから、地主と借主の間に何らかの特別な関係があるのが通常です。親族関係がある場合が多いといえるでしょう。そこで、親族間の土地の貸借関係が使用貸借なのか、賃貸借なのかが深刻な問題となることもあります。賃貸借なら借主は借地借家法によって保護を受けますが、使用貸借ならそうした保護は受けられないからです。使用貸借では、当事者が返還の時期並びに使用及び収益の目的を定めなかったときは、貸主は、いつでも契約を解除できます（民法598条2項）。すなわち、ケーススタディにおける兄嫁とその娘は、R商事に対していつでも使用貸借を解除して土地の返還を請求できるということです。返還請求しても返還しなければ、無権限の占有となってしまうのです。

2 使用貸借契約における注意点

(1) 使用貸借か賃貸借か

　本章のケーススタディは、地主の無茶な要求に振り回された借地人の視点で語られています。和解の内容となった再開発などについては後で解説するとして、ここでは、借地関係が使用貸借だったことについて、地主の視点から説明します。

　親族間における土地の貸借では、使用貸借契約も多く見受けられます。

地主が代替わりした時、賃借人が遠い親族筋の人だったため今まで地代をもらっていなかったけれど、これを機会に、きちんと地代を受け取ることにしたい。そこで早急に地代相場を調べたい、といった方もいます。しかし、地代を受け取ろうと考える前に、少し立ち止まってみてはいかがでしょうか。なぜなら、契約の経緯や内容によって、使用貸借の方が地主にとって都合がよいこともあるからです。前述したように、使用貸借であれば、貸主、すなわち地主はいつでも土地の返還を請求できるからです。

　地代として相当な金額を受け取った時点で、地主が賃借権の存在を認めたことになりかねず、借地人には借地借家法上の法的保護が与えられることになります。その結果、気付かないままに、地主の立場としては、土地の返還を請求し難い状態を招いてしまうこともあり得るのです。ですから、使用貸借といえるのであれば、使用貸借契約であることを確認する文書を取り交わした方がよいでしょう。そして、いったん使用貸借契約であることを確認してしまえば、改めて以後のこととしては、一定期間後に必ず土地を返してもらえる定期借地契約などを結ぶことも1つの選択肢です。このように、使用貸借の方が地主にとっては有利に働く場合があるということも、ぜひ知っておいていただきたいところです。

(2) 安い地代であれば使用貸借契約といえる場合もある

　借地人から固定資産税額等と同程度、もしくは、それに満たない額の地代しか受け取っていないような借地をもつ地主の方もいます。低い地代のまま今に至っている状況ですから、借地人とは長らくコミュニケーションがとれておらず、土地賃貸借契約書すら存在していない場合も多いようです。このような場合、はたして賃貸借契約であるのか、使用貸借契約であるのかの判断に困る場合があります。

　当然、借地人は、地代を支払っているのだから賃借権だと主張するでしょう。建物所有目的の賃借権であれば、借地借家法の保護を受けられる

からです。しかし、使用貸借であっても借主は、借用物の通常の必要費を負担する義務を負います（民法595条1項）。不動産の使用貸借の場合、固定資産税等の公租公課は通常の必要費と考えます。つまり、公租公課の負担程度の地代であれば、借地権の対価とは認められない可能性があるのです。

　極端に安い地代の場合で、それが使用貸借であるということになれば、借主の権利は借地借家法によって保護されません。要するに、地主の立場が強くなります。

　ただ、地代が極めて安いことは1つの目安にすぎません。借地契約であるか使用貸借であるかは、具体的な土地の利用関係やこれまでの経緯等によっても異なってきます。その判断は難しい部分も多いので、専門家の判断を仰いだほうがよいでしょう。

3 再開発による解決方法

(1) 再開発とは

　再開発という言葉を聞くと、一般的には六本木ヒルズのような首都圏の大規模な再開発ビルを想像するかもしれませんが、ケーススタディのように旧アパート跡地を隣地と共に新しい共同住宅に建て替えたり、最寄りの駅前や商店街の複数の小さな店舗を1つの商業施設ビルに建て替えるケースは意外と身近にあるものです。

隣地と一体となることで土地の価値が一段と上がることがあります。単独の土地では、規模が小さかったり地形が悪かったりと有効活用ができなくても、周辺隣地と一体となることで土地利用の幅が広がるからです。敷地規模が大きく建設費用が多額になる場合は、一定の条件を充たせば、デベロッパー（不動産開発業者）に開発・建設を任せてしまう方法もあります。

　単独の土地では価値が小さくても隣接周辺地と一体開発することで、全体として土地の価値が大きく高まる場合は、少々難易度が高いとはいえ、ケーススタディのような再開発による解決案も1つの選択肢になり得ます。

(2) 再開発抜きでの検討

　R商事と兄嫁らの土地は約200坪ありました。しかも、共有地です。それらの土地の上にR商事のマンションが建っていました。マンションには入居者が19世帯残っており、なかには店舗・事務所として利用している入居者もいて、多額の立退料も予想されました。このような状況のまま、R商事と兄嫁らは共有地を第三者に売却しても、手元に残るお金はごくわずかと試算されました。

　その他にもR商事が兄嫁らの土地を購入することや共有地の等価交換の手法を用いて権利関係を整理する方法など、さまざまな方法を検討しました。買取金額や銀行融資の問題もあります。どれも問題解決の決め手になりませんでした。そこで、マンションの隣の土地に目を付けたのです。

(3) 隣地と合わせた再開発

　R商事のマンションが建っていた共有地の隣地は、R商事が借地権をもっていましたが、地主は別にいました。約170坪の土地です。

　それだけの規模の土地であるのに、借地として一軒家が建てられている

だけでした。月々の地代もわずか約10万円です。地主としても不満を
もっていることは容易に想像できました。

　これらの土地を全て合計すると約370坪。それなりの規模のマンション
を建てることができます。単独の土地、つまり、R商事と兄嫁らの各共有
地、隣のR商事の借地権と地主の底地部分。どれも、単独としては価値
は小さいです。しかし、全体として一体となれば、土地の価値が大きく高
まる典型的なケースでした。この再開発が進めば全員が得する、まさに
Win-Winの関係です。土地の価値が大きく高まりますので売却すること
でR商事も兄嫁らもまとまった金額を手にすることができます。なによ
り複雑化した親族間の権利関係から解放されることも大きなメリットで
しょう。

（4）全体を広く見渡すことが大切

　一般的に、争っている当事者間では目の前の争いに心を奪われてしまう
ため、知らず知らずのうちに視野が狭くなっていることがあります。特
に、借地や親族間のことで争いが生じている場合は、問題になっている事
柄の背後には不動産問題以外にも複雑な事情があり、当事者だけでは解決
を図ることが難しい場合も少なくありません。

　風邪をひいたら医者にいくのと同じように、法律問題なら弁護士、司法
書士、行政書士、税金のことなら税理士、複雑な不動産問題なら不動産鑑
定士や宅地建物取引士などの専門家に早めに相談するのも1つの方法で
す。問題を全体的に広く見渡すことのできるプロならではの解決の道を示
してくれることもあるでしょう。

4 等価交換の可能性

(1) 土地とマンションとの等価交換

　本件のケースでは、最終的に関係者全員がまとまった売却金額を手にすることができました。しかし、一定の条件を充たせば、売却金額を受け取る代わりにその売却金額に相当するマンションの区分所有権を取得することが可能です。

　土地とマンションの区分所有権との等価交換の手順は、次のとおりです。

① 　所有する土地（借地を含む）を提供する。

② 　デベロッパーがその土地に分譲マンションを建設する。

③ 　所有者は、土地の売却金額に相当するマンションの区分所有権を受け取る。

　分譲マンションのパンフレットを見ると、一部住戸が非分譲となっていることがありますが、あれは元々の地権者が等価交換の手法を活用してマンションの区分所有権を取得したものです。このようにデベロッパーの開発ノウハウを利用して、マンションの区分所有権を取得することは一定のメリットがあります。

(2) 等価交換のメリット

　具体的には、次のメリットがあります。

① 　土地を手放すことにならない

土地を単純に売却する場合と異なり、共有持分として土地を所有し続けることができます。

②　住戸の還元を受ける場合、優良な新築マンションを受け取れる

　一般的な賃貸マンションと異なり、分譲マンションと同等の仕様になるため、賃貸した場合も高い家賃収入を期待できることがあります。

③　初期投資が不要

　初期投資が不要であることは大きな魅力の１つです。土地の評価に応じた住戸を取得することになりますので、借入金などによる資金調達は必要ありません。

④　税務上の特例を受けることができる

　土地を単純に売却すれば多額の譲渡税が一度にかかりますが、等価交換では課税の繰延制度という税務上のメリットを受けることができます。

⑤　相続税対策として節税効果

　売却金額を受け取るより住戸を取得した方が相続税評価額を下げることができます。相続財産は現金だと額面通りで評価されますが、住戸の場合は相続税評価額を下げることができます。建物を賃貸すれば、さらに土地と建物の評価が下がります。

第８章
共有地に絡む
トラブル

5 立退問題

(1) 立退きに関する法律問題

　本件のケースでは、Ｒ商事は兄嫁からマンションの取壊しと土地の明渡しを求められました。これに伴い、マンション入居者に対する立退き、さらに、再開発のために隣地を利用することになったことから、その隣地に

住んでいた叔父の立退きが問題となりました。そこで、「立退き」について説明します。

　ただ、注意して欲しいのは、R商事がマンションを取り壊して土地を明け渡すことも、いわば「立退き」ですが、これは土地の利用関係が「使用貸借」であったことによるものです。使用貸借には借地借家法が適用されないため、例外的な場合を除いて後述の立退料の問題は生じません。以下は、「賃貸借」を前提とした「立退問題」に関する一般的な説明です。

a. 立退きが問題となるケース

　土地や建物の借り手が「立退き」をしなければならなくなるのは、多くの場合、土地などの貸借に関わる契約が終了する場合です。

　土地などを占有・利用する権限が失われるので、借り手は立ち退かなければならなくなります。賃貸借契約が終了するにはいくつかの理由が考えられます。「賃料の未払い」「契約期間の満了」そして「合意解約」等です。

　まず、「賃料の未払い」ですが、これは、賃借人の債務不履行です。すなわち賃貸借契約では賃借人側で賃料を払うという債務を負っていますが、それを履行しないのですから、契約を解除されてもやむを得ません。この点については、第2章でとりあげました（→ p.53）。

　「期間満了」については、借地借家法によって、たとえ期間が満了したとしても、賃貸人側に正当事由がなければならないなどの制約があります。その点については既に説明しましたので、そちらをご覧ください（→ p.78、79）。

　さらに契約の終了原因としては、貸主と借主との合意に基づく「合意解約」があります。合意によって貸借契約が終了して、借主が立ち退くことになるわけです。

b. 立退料

　賃貸借において「期間満了」や「合意解約」など、いわば貸主の都合で借主に立退きを求めるような場合には、貸主側が立退料を支払う必要が生じるのが一般的です。借地借家法では、土地の賃貸人（借地権設定者）による解約申入れに際して必要とされる「正当事由」の有無の判断に際し、「借地権設定者が土地の明渡しの条件として又は土地の明渡しと引換えに借地権者に対して財産上の給付をする旨の申出をした場合におけるその申出」が考慮されます（借地借家法 6 条）。借家についても同趣旨の定めがあります（同 28 条）。ここでいう「財産上の給付」つまり、立退料の額は、まず当事者同士で話し合って決めることになります。そして、当事者間の話合いがまとまらない場合には、地主側で明渡訴訟を提起し、その中で裁判所が判断することになります。

(2) 立退きの方法

　本件のケースでは、その家を終の住処としていた叔父とマンションの入居者らの 2 つの立退問題がありました。こういう場合には、個別の事案ごとに立退きの手続をどのように進めるかの検討が必要です。

a. 親族が相手の場合

　叔父とは親族関係ですし、今のところ良好な関係です。交渉を弁護士に一任というのでは叔父に失礼ではないだろうか、万が一にも叔父が感情的になりヘソを曲げられてしまうと困ります。とはいえ、当事者同士だけでは感情面が先行して話がもつれることも往々にしてあります。そこで、叔父との立退交渉の場には、弁護士に同席してもらい、顔を合わせながら交渉を進める方法を採用することにしました。そうして何度か交渉の場をもち、最終的に叔父の合意を得ることができました。

第8章 共有地に絡むトラブル

231

b. マンションの入居者の立退き

　次に、マンションの入居者らの立退問題です。他人物の立退交渉を業としてできるのは弁護士だけです。立退業務を弁護士以外の他人に任せることはできません。当初は弁護士に一任することも考えました。しかし、弁護士による交渉は、入居者との交渉が難航すれば調停や裁判まで進むことが予想されました。裁判所の判決の大半は、金銭的給付と引換えに立退きを認めるものです。しかし、裁判には時間と費用がかかることを覚悟しなければなりませんでした。時間がかかればデベロッパーへの引渡しの期限を守れなくなるリスクもありますし、売却資金を手にすることができません。また、立退料の支払いのための資金調達をどうするかの問題もありました。立退きなど不慣れな作業をするために銀行は融資をしてくれません。そこで本件では、マンションの入居者付きのまま、立退きを得意とする不動産業者に売却する方法を選択しました。

　さまざまなリスクをカバーするための最良の方法でした。なお、下手に自分たちで立退交渉を開始したため、かえって入居者との関係をこじらせてしまうことが往々にしてあります。このような場合には、最終的に売却ができなくなることもあります。

(3) 立退料の金額

　仮に自ら立退交渉をする場合の問題は、立退料がいくらかです。裁判で

は、立退料の金額が問題になるとき、不動産鑑定によって立退料が算定されることが少なくありません。不動産鑑定における立退料とは、賃貸人から建物の明渡しの要求を受けた際、借家人が不随意の立退きに伴い実際に失う経済的利益のこととされています。「借家人」とは、賃貸人から建物を借りて住む賃借人のことです。「不随意」とは、随意ではないということですので、簡単にいうと、借家人を無理やり立ち退かせることです。

　立退料の金額の算定は、「借家権価格」を基準とされるのが通常です。「借家権」とは、建物を借りることで借主側に生じる建物を使用収益する権利のことです。別の言い方をすると、借主が不当に退去させられないよう法律で守られている権利です。「借家権価格」とは、その権利に値付けして価格として表した金額です。

　そこで借家権価格について説明します。

a. 借家権価格

　借家権価格の考え方としては、主に次の3つに整理（注）することができます。

（注）　鑑定基準及び最近の判例（平成24年8月27日東京地裁、平成23（ワ）3604号などを参考に筆者によるまとめ。）

① 創設又は承継借家権

　権利金等の授受によって有償で設定又は移転されたことによって発生する借家権価格のことです。

　ただし、契約時における保証金は、返還が予定された敷金と同性質のものです。また、家賃の1ヶ月分程度の権利金は、ここでいう権利金等の授受とは言えないとされています。

　なお、借家権が不動産市場において売買等によって承継されるケースはほとんどありません。したがって、創設又は承継借家権による借

家権価格が認められるケースは非常に稀だと言えるでしょう。

② **自然発生的借家権**

契約の継続が長期にわたることでその間、一般賃貸市場における賃料の上昇に対し、相対的に契約中の家賃が低下することで生じた賃料差額によって発生する借家権価格のことです。

立退料が問題となる際、実務上、この賃料差額が生じているケースが少なくありません。要するに、現在の建物の賃料が比較的安価である場合のことです。

③ **法的に補償されるべき権利**

不随意の立退きを迫られる借家人に対し、いかなる補償をすべきかという観点から、法的に保護すべき（補償すべき）権利、利益の有無を検討する必要があるとされています。

貸室から退去することは、借家人の健康状態等から相当の困難が見込まれること又は借家人がこれまで費やしてきた顧客獲得の努力が水泡に帰する危険性が高い場合や設備投資を回収することが困難な場合など、借家人にもさまざまな事情を抱えていることがあります。仮に現在の貸室賃料が近隣相場よりもむしろ高価な場合であっても、借家人にとっては立退きを希望しない場合もあり得るのです。すなわち現に居住又は営業することによって受けている生活上又は営業上の利益の補償のことです。

b. 借家権価格の鑑定評価

これらの点に留意の上、不動産鑑定では複数の手法を用いて借家権価格が算定されるのが通常です。

c. 借家権価格と立退料

借家権価格の全額が立退料とイコールになるとは限りません。賃貸人の

正当事由の補完としての立退料の金額を検討する場合は、算出された借家権価格の全てが必ずしも補償されるものではないとされています。要するに、賃貸人の明渡請求における正当事由の有無及びその程度と借家人の利益が天秤にかけられることになります。

　さらに言えば、立退料の提供は、正当事由の有無の判断において賃貸人側に有利な事情が相当程度認められたとしても、それだけでは正当事由があるとまではいえない場合に、賃貸人と借家人双方の経済的利害を合理的に調整するものとされています。したがって、そもそも賃貸人が建物の明渡しを求める必要性自体が低いといえる場合は、立退料の提供によっても正当事由が補完されないとされる場合もあり得るのです。

d. その他実際にかかる費用

　最近の判例においても、立退料は借家権価格に実際にかかる引越費用、敷金差額（新規敷金と現行敷金の差額）、礼金、仲介手数料等の経費相当額を別途加算している場合もあれば、これらの費用もひっくるめて、ある程度まとまった金額をもって立退料としているものもあります。居住用建物の立退料では、後者の方が多いようです。

e. 最近の判例

　参考までに、立退料についての最近の判例を紹介します。まず居住用建物について**図表 1** をみてください。

　立退料の金額は、居住用建物の場合は、家賃に対する倍率はさておき、単身世帯 100 万円、家族世帯 150 万円くらいが一応の目安になるようです。また、交渉過程で月額家賃 3.5 万円のところ 2,620 万円もの金額を要求されている事例もあるように、借家人に足元を見られると大変苦戦することが容易に想定できます。なお、長年住み続けている単身高齢者の場合は訴訟になるリスクが高い傾向があるようです。

次に事業用建物について**図表２**をみてください。店舗又は事務所・倉庫等ごとにまとめています。

　店舗の場合は、業種業態等によって立退料の金額はまちまちです。ここで示す金額以外にも少額又は多額の立退料の判例があります。実際のところはケースバイケースですので、この表はあくまで参考程度としてください。

　事務所や倉庫の場合は、業務の性質上、立地によって業績が大きく左右されるとは想定し難く、物販や飲食店などの店舗等と比較すると代替物件に移転することが比較的容易であると考えられるため、ある程度の相場感をつかめるのではないかと思われます。

図表1　最近の立退料判例―居住用建物

建物の築年数	借家契約の期間	借家人の属性	月額家賃（共益費込）	借家人の要求	立退料の判決	月額家賃÷立退料（約）
（単身）						
57年以上	13年	70代	35,000円	―	42万円 *1	12ヶ月
45年以上	27年程度	単身高齢	37,000円	―	77万円 *2	21ヶ月
50年以上	4年	不明	35,000円	2,620万円	80万円 *3	23ヶ月
40年以上	40年以上	70代	82,000円	300万円	90万円 *4	11ヶ月
45年以上	10年以上	単身	48,000円	1,000万円	100万円 *5	21ヶ月
42年程度	17年程度	単身60代	95,000円	442万円	100万円 *6	11ヶ月
50年以上	23年程度	単身	45,000円	―	100万円 *7	22ヵ月
50年程度	45年程度	単身	20,000円	252万円	100万円 *8	50ヶ月
50年程度	17年程度	単身	29,000円	400万円	230万円 *9	79ヶ月
（家族世帯）						
―	10年以上	家族4人	180,000円	995万以上	145万円 *10	8ヶ月
21年程度	6年程度	家族2人	120,000円	―	150万円 *11	13ヶ月
60年以上	60年	50代（亡父より相続）	50,000円	700万円	200万円 *12	40ヶ月
（事情あり）						
60年以上	33年	80代（身体障害者3級）と50代	95,000円	―	228万円 *13	24ヶ月
38年程度	36年程度	80代（要介護4）と無職長男	75,000円	―	400万円 *14	53ヶ月
29年	20年以上	外国人世帯	520,000円	4億5,000万円	8,300万円 *15	160ヶ月

*1　令和元年11月18日東京地裁平30（ワ）34667号
*2　平成30年5月30日東京地裁平29（ワ）20194号
*3　令和元年10月28日東京地裁平30（ワ）39618号
*4　令和元年12月12日東京地裁、平30（ワ）5501号
*5　令和2年2月18日東京地裁、平30（ワ）10592号
*6　平成26年11月17日東京地裁、平26（ワ）4507号

*7　平成 28 年 3 月 8 東京地裁　平 26（ワ）22436 号
*8　平成 21 年 10 月 29 日東京地裁　平 19（ワ）12549 号
*9　平成 22 年 7 月 28 日東京地裁　平 20（ワ）29022 号　客殿施設を必要とする寺院地主の事例。建設計画の具体性がなく、強度の必要性は認められないとされている。
*10　令和 3 年 3 月 26 日東京地裁令元（ワ）25787 号
　　賃貸人は、両親が高齢により自家用車の運転中に交通事故を惹起する危険性を憂慮していて、今後は運転をせずに徒歩圏外への移動には公共交通機関を利用したいがために、本建物に両親を住ませたいとして明渡しを求めた事例。裁判所も十分理解できるとして、月額賃料差額（1 か月 3 万円）の 2 年分（72 万円）を賃料差額補償分とし、移転の初期費用として、敷金を賃料 2 か月分 39 万 4,200 円（ただし、敷金返還見込額として敷金の 1 割に相当する 4 万 3,800 円を認めて、これを控除した額）、仲介手数料として賃料 1 か月分 21 万 9,000 円、引越費用として 11 万 5,000 円の合計 1,448,200 円を立退料とした。なお、賃借人は借家権価格の上乗せを主張するが、更に加算すべき理由はないとされた。
*11　令和 2 年 6 月 8 日東京地裁立川支部平 30（ワ）2146 号
*12　令和元年 7 月 9 日東京地裁平 30（ワ）21698 号
*13　令和 2 年 1 月 20 日東京地裁平 30（ワ）11922 号
*14　令和 2 年 3 月 31 日東京地裁平 30（ワ）39647 号
*15　平成 30 年 9 月 14 日東京地裁平 27（ワ）19393 号
　　大手不動産会社のいわゆる地上げ・立退き案件。RC 造築 29 年と老朽化といえない建物であり、交渉過程で賃貸人から 1 億円の立退料を提示している。正当事由が弱いため多額の立退料を要したと考えられる。

図表 2　最近の立退料判例―事業用建物

建物の築年数	借家契約の期間	業種	月額家賃（管理費込）	借家人の要求	立退料の判決	月額家賃÷立退料（約）
（店舗）						
50 年程度	45 年程度	理容店	10 万円	2,000 万円以上	802 万円 *1	80ヶ月
65 年以上	40 年以上	理髪店兼住居	12 万円	5,280 万円	972 万円 *2	81ヶ月
47 年以上	20 年程度	1F 台湾料理店	58 万円	判決額以上	2,330 万円 *3	40ヶ月
44 年程度	18 年程度	タイ料理店	55 万円	8,624 万円	3,000 万円 *4	55ヶ月
55 年以上	40 年程度	とんかつ店	40 万円	1 億 6,500 万円	3,000 万円 *5	75ヶ月
40 年程度	13 年程度	ラーメン屋（7 席）	15 万円	2,000 万円	1,556 万円 *6	104ヶ月
70 年以上	50 年程度	1F 骨董品屋	20 万円	1 億 6,370 万円	1,270 万円 *7	64ヶ月
53 年以上	10 年程度	1F 古美術商	10 万円	1 億 1,448 万	1,730 万円 *8	173ヶ月

40 年以上	20 年程度	1F 画廊	38 万円	2 億 1,116 万円	3,326 万円 *9	88ヶ月
39 年程度	30 年程度	2F 歯科医院 （70 代）	21 万円	—	5,223 万円 *10	249ヶ月
（事務所・ 倉庫等）						
23 年程度	6 年程度	車庫・倉庫・ 事務所	22 万円	1,253 万円	288 万円 *11	13ヶ月
35 年程度	15 年程度	1F 倉庫	20 万円	5,830 万円	500 万円 *12	25ヶ月
45 年以上	21 年程度	5F 事務所 （会計事務所）	18 万円	1,244 万円	500 万円 *13	28ヶ月
40 年以上	14 年程度	10F 事務所 （画廊事務所）	20 万円	*9	720 万円 *9	36ヶ月
65 年程度	6 年程度	1F 鍵屋店	8 万円	3,507 万円	779 万円 *14	97ヶ月

*1　平成 30 年 2 月 22 日東京地裁　平 27（ワ）5512 号
*2　平成 29 年 7 月 18 日東京地裁　平 28（ワ）6854 号
*3　令和 2 年 3 月 12 日東京地裁　平 30（ワ）25483 号
*4　令和 2 年 1 月 16 日東京地裁　平 29（ワ）7336 号
*5　令和元年 9 月 3 日東京地裁　平 28（ワ）33684 号・令元（ワ）20865 号
*6　平成 30 年 3 月 7 日東京地裁　平 26（ワ）8897 号
*7　平成 30 年 5 月 23 日東京地裁平 29（ワ）13461 号
*8　平成 30 年 5 月 18 日東京地裁平 28（ワ）38774 号
*9　令和元年 12 月 5 日東京地裁平 29（ワ）10862 号
　　1 階画廊と 10 階事務所は同じ事案。借家人の要求額は、1 階画廊店舗に含む。
*10　令和元年 10 月 8 日東京地裁　平 28（ワ）3611 号
　　本件医院の患者は 350〜400 人で、それによる売上げは月 350〜400 万円前後、借家人の年齢を考えると本件建物を立ち退く場合は、廃業を選択する可能性が相当程度あるとしている。
*11　令和元年 12 月 25 日東京地裁　平 29（ワ）44116 号
*12　令和元年 12 月 6 日東京地裁　平 30（ワ）27825 号
*13　平成 28 年 8 月 26 日東京地裁　平 25（ワ）32312 号
*14　平成 31 年 3 月 27 日東京地裁平 28（ワ）16196 号
　　鍵屋の営業所得は年約 290 万円で、売上のうち相当部分を占める固定客については店舗の移転に伴う周知活動を適切に行うことにより相当部分を維持することが可能であると考えられる。また、売上のうち 3 割強を占めるインターネットを介した顧客については、店舗の移転による影響は軽微であるとした。

第9章

共有地の等価交換

ここでは2つのケーススタディについて扱っています。いずれも「共有地」と「等価交換」に関わる事例です。1つは、特に税金にまつわる問題を扱い、もう1つは少々複雑な等価交換について扱っています。

ケーススタディ1
雑種地と宅地の等価交換

■事の発端

　不動産というものはなかなか難しいものです。特に税金が絡むから
やっかいです。譲渡すれば譲渡所得税、登記を移転するときには登録
免許税、所有していれば固定資産税に都市計画税と不動産に税金は付
きものです。むろん脱税するつもりはありませんが、できれば節税し
たいと思うのは誰でも同じでしょう。今回、問題になったのは譲渡所
得税です。

　私は、祖母と2筆の土地を共有していました。これらの土地は隣接
しており、一方は駐車場で地目は雑種地、もう1つの土地は宅地で、
そこに建つ家に私は住んでいます。ちなみに「地目」というのは、登
記簿上で「土地の用途」を示す言葉です。

　事の発端は、その宅地に建てた家が古くなったので新築しようと考

え、宅地を担保に建築資金の借入れをしようと銀行に融資を申し込んだのですが、断られてしまったことなのです。

■共有地であることの不都合

　融資できない理由として銀行の方が言うのは、まず、宅地が共有だということです。私の持分2分の1に抵当権を設定した場合、抵当権が実行されて競売になったとしても、他人と共有になる土地を落札しようという人はいません。だから、担保価値がないというのです。

　そこで、祖母の持分にも抵当権を設定することも申し出ました。しかし、祖母は既に99歳という高齢で返済能力はなく、また、祖母の持分についてはそう遠くない時期に相続が生じる可能性があるというのです。つまり、祖母の持分を複数の相続人が共同相続するということもあり得ます。そうなると権利関係が複雑化することになるので、祖母の持分も一緒に担保にする案も受け入れ難いというのです。

■持分の交換

　困った私は、知人に紹介された不動産鑑定士に相談しました。さすがは不動産の専門家というべきでしょうか。担保にしたい宅地の祖母の持分と、隣地の駐車場になっている雑種地の私の持分を交換して、駐車場を祖母の単独所有、宅地を私の単独所有にすればどうかと提案されました。そうすれば、宅地は私の単独所有になるので、銀行も融資をしてくれるに違いありません。すぐに銀行の担当者に連絡して訊いてみましたが、単独所有なら問題ないとの返答を得ました。さっそく、私は不動産鑑定士さんに、必要な手続をお願いすることにしました。

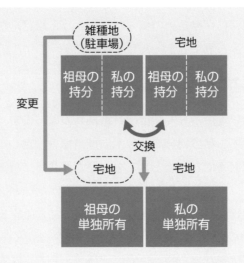

雑種地
(駐車場)   宅地

| 祖母の 私の | 祖母の 私の |
| 持分 持分 | 持分 持分 |

変更

交換

宅地   宅地

| 祖母の | 私の |
| 単独所有 | 単独所有 |

■免税特典

　ただ、ここに税金の問題があったのです。宅地の祖母の持分と駐車場の私の持分を交換するといっても、土地の権利を移転するのですから、それは土地の譲渡ということになり、譲渡所得税が発生するというのです。その額は、譲渡した土地の価格の2割にもなります。それだけの額を現金として支出することは、今の私には難しいと言わざるを得ません。

　しかし、こうした場合には、免税特典があるというのです。共有関係にある土地を担保に融資することを銀行は断りましたが、単独所有の土地であれば担保にできるわけです。つまり、共有の土地を単独所有にするのは、土地の担保価値を有効に利用すること、ひいては、土地の有効活用にとって必要なことなのです。大袈裟な言い方をすれば、こういったケースで杓子定規に譲渡税を課していたら土地の有効活用が妨げられ、国土が荒廃してしまうというわけです。そうした理由から、土地の有効活用促進という目的のために、持分の交換によって土地を単独所有にする場合、一定の条件を満たせば譲渡所得税につ

き免税特典が与えられるのです。

■課題は地目

　この免税特典を受けるための条件はいろいろとあるのですが、私のケースで特に問題となったのは土地の用途、つまり「地目」です。免税特典を受けるためには、交換前と同一の用途に供しなければならないという条件があります。あくまでも宅地として使用するには、交換した土地も宅地でなければならないというわけです。ところが、交換する土地の一方は駐車場で「雑種地」、もう一方は「宅地」なのです。土地の用途は「地目」として不動産登記簿に登記されていますから、駐車場の地目を交換前に「宅地」に変更しておかなければならないのです。こうしたことの調査や手続も不動産鑑定士さん経由で専門家の方にお願いしました。

■解決

　私と祖母の土地は住宅地にあります。周辺にもかつて雑種地と登記されていた駐車場が、現在では宅地として家が建っている土地があります。そうしたことを調査してもらい、周辺の土地利用状況からしていつでも建物が建てられる土地であったとして、雑種地から宅地に地目の変更登記を行い、税務署から免税措置を受けることができました。

　こうして免税措置を受けて祖母の持分と私の持分を交換し、私の家が建つ土地は私の単独所有となりました。無事銀行から融資を得られ、新築工事を着工することができました。不動産鑑定士というと、不動産の価格を査定したり鑑定したりするだけかと思っていましたが、こうした土地の有効活用に関するアドバイスもしていただけるのですね。たいへん助かりました。

祖母にもお世話になりました。事情は説明したつもりですが、どこまで理解してくれたのかは分かりません。でも「いいよ、好きにおし」と言ってくれました。その時の祖母の顔は、子供の頃に、祖母から貰ったお小遣いで「アイスを買ってくる」と言ったときに見せた笑顔と何ら変わりありませんでした。

1 共有地とは

(1) 共有の概念

　共有地については、第8章1（2）でもごく簡単に説明しましたが（→ p.221）、ここでは、もう少し詳しく説明しましょう。

　なお、第8章でも触れましたが、令和5年4月1日から施行される改正後の民法の条文は「新○○条」と付記しました。

　「共有」とは、1つの物の全体を複数の人が所有することをいいます。

　共有物に対して持つ各共有者の権利を「持分」ないし「持分権」といいます。この持分権は、他の持分権によって制約された所有権です。比喩的にいうなら、所有権を1つの軟式のテニスボールだとすれば、3人が共有している状態は、その3つのボールを1つの物という「枠」に押し込んだ状態といえるでしょう。民法255条は「共有者の1人が、その持分を放棄したとき、又は死亡して相続人がないときは、その持分は、他の共有者に帰属する」としています。これは、1つの枠に押し込められた3つのボールの1つが割れてなくなって、他の2つのボールが拡大して枠に再びぴったりと収まる様子に近いといえるでしょう。つまり、3人の共有者のうちの1人が共有持分を放棄すれば、他の2人の持分が拡大して2人の共有物になるのです。これは、共有の弾力性と呼ばれます。

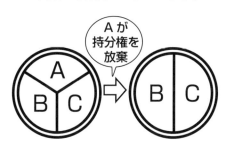

(2) 共有物の利用の仕方　その1

　民法249条（新249条1項）は「各共有者は、共有物の全部について、その持分に応じた使用をすることができる」と定めています。注意して欲しいのは、あくまでも"全部を"使用できるということです。

　例えば、1つのハサミを兄弟2人で共有している場合を想像してみてください。2人で共有しているからといって、一方の刃を兄が他方の刃を弟が、というようにハサミの刃を1つずつ所有しても意味がなく、あくまでも2つの刃が組み合わさっていなければハサミとして機能しません。ですから、1つのハサミについて、置き場所を決めて必要な時に使うというように2人でルールを決めて使うことになります。それは土地でも同じです。2人で共有しているのなら、その共有者2人がその土地全体について利用する権利を持っています。

　ですから、判例は、共有者の一部が他の共有者に無断で共有物の全部を使用・占有していたとしても、その者も自らの持分に基づいて共有物を占有しているのであるから、他の共有者が占有している共有者に対し、当然に目的物の引渡しを請求できるものではないとしています（最高裁判所判決昭和41年5月19日）。

(3) 共有物の利用の仕方　その2

　とはいえ、一部の共有者が共有物を勝手に使ってよいというわけではありません。土地の共有を念頭に説明します。

　土地の各共有者が土地全体について利用することができるとしても、共有者間で相談してその土地（共有地）の利用方法を決めなければなりません。その決め方について、民法252条（新252条1項）本文は「各共有者の持分の価格に従い、その過半数で決する」としています。例えば、1,000万円の土地をAが400万円、Bが300万円、Cが300万円を拠出して購

入したとしましょう。この場合、Aが10分の4、Bが10分の3、Cが10分の3の共有持分を持ちます。ですから、土地の使用方法を決めるには、少なくとも2人の意見が一致しなければならないということです。仮にCが勝手に単独で共有地を使用しているような場合には、AとBで土地の使用方法について協議し、その協議内容に基づいて、Cに土地の明渡しを求めなければなりません。

　ちなみに、共有物の「変更」については全員の同意が必要であり、共有物の「保存行為」は共有者が単独で行うことができます（民法251条・252条但書／新251条1項・新252条5項）。農地を宅地に変更するような場合は「変更」に当たり、共有者全員の同意がなければ行うことはできません。しかし、共有地の不法占拠者に対して明渡請求をすることは、土地の「保存行為」にあたり、共有者は単独で行えます。

(4) 共有関係の解消

　このように共有者の権利、すなわち持分権は他の持分権によって制約されたものなので、単独では自由に共有物を処分したり利用したりすることができません。そうしたことからも、本章のケーススタディ1で、金融機関は土地の共有持分権を担保に融資することを断ったのです。そうなれば、当然、必要に応じて共有関係を解消する途がなければなりません。

　その1つの方法が、共有持分権を売却することです。

　各共有者、言い換えるならば各持分権者は、共有の対象となっている1つの物、例えば、共有地全体を勝手に処分することはできませんが、その制約された所有権である持分権は単独で自由に譲渡することが可能です。特に明文の規定はありませんが、当然のこととして認められています。ですから、共有者の1人に対して、他の共有者全員が自己の持分権を譲渡したり、共有者全員が他の共有者以外の第三者に持分権を全て売却するならば、共有関係を解消することができます。ちなみに、一部の共有持分権を

他の共有者以外の第三者に売却しても、共有物の共有関係は解消されません。そのため、一部の共有持分権だけを、他の共有者以外に売却することは困難です。

この持分権の売却に準ずる方法として、持分の対価が金銭ではなく他の不動産やその持分であると「等価交換」になります。

もう1つの方法が、共有物の分割です。

民法256条1項は「各共有者は、いつでも共有物の分割を請求することができる」としています。ABCの3人が共同購入した土地を、その3人が協議して、各自の持分に応じて土地を分割してそれぞれ単独所有するような場合です。持分に応じてピッタリと分けることができなければ、生じた過不足分については金銭の支払いで調整することも可能です。協議がまとまらない場合については、裁判所に分割を請求することができます（民法258条1項）。ちなみに、不動産登記上で1番地の2だとか、2番地の3だとか、地番に枝番号が付くのは、共有地の分割に限りませんが、1つの土地を分割（分筆）した名残りです。

さらに、土地を分割してから、持分を等価交換するなどといった、これらの方法を複合させた手法も用いられます。

(5) 共有に関する令和3年改正の概要

令和3年4月に「所有者不明土地の解消」に向けた民事法の改正が行われ、その一環として共有に関する民法の規定が改正され、当該箇所の改正は令和5年4月1日から施行されることになりました。どんな改正がなされたのか、ごく簡単に説明します。

まず、共有物の「管理」の範囲が拡大、明確化されました。具体的には、共有物の変更の形状又は効用の著しい変更を伴わない軽微な変更や、一定の短期の賃貸借等の設定は、持分価格の過半数で決することができることが明文で規定されました（新251条1項、新252条1項、新252条4

項)。

　また、共有物を使用する共有者がある場合でも、持分の過半数で管理に関する事項を決定することができる（新252条1項後段）等、新249条2項、同3項や新252条3項で、共有物を利用する共有者がいる場合について、ルールが明確化されました。

　他にも、所在等不明の共有者がいる場合の管理に関するルールの合理化、共有者が選任する共有物の管理者のルール整備、共有の規定と遺産共有の規定の整備などが行われました。

2 共有地の評価

　共有地の評価については、共有持分としての単独の価格の合計は、必ずしも更地としての価格になりません。例えば、1筆の土地をAとBの兄弟で2分の1ずつ共有しているとすると、一般的には、下記のような式が成立します。

Aの共有持分の単独の価格 ＋ Bの共有持分の単独の価格 ＜ 更地価格
　　（2分の1）　　　　　　　　　　　　（2分の1）

　更地価格の評価を100とすると、A、Bのそれぞれの評価は単純に計算すると50です。共有持分を2人まとめて第三者に同時売却すれば50ずつ割り当てられます。ところが、単独で共有持分を売却しようとすると、50の評価にはなりません。なぜなら、本章の[1]で説明したとおり、共有持分だけだとさまざまな制約がかかるためです。そのため共有持分だけを単独売却する場合、そもそも買手がいないか、よほど値段が安くなければ売却は難しい場合がほとんどです。

3 土地売却時の税金（一般論）

(1) 前説

　個人名義の土地を売却したときは「譲渡所得税」という税金がかかります。その名のとおり、譲渡（売却）した時にかかる所得税です。なお、法人名義の土地を売却したときの説明はここでは割愛します。法人名義の場合、所得税ではなく法人税の話になります。

　さて、本件のケースでも譲渡所得税が問題になりました。そこで譲渡所得税ついて説明します。

(2) 所得税について

　譲渡所得税は、「所得税」の1つです。私たちは普段の経済活動において、さまざまな場面においてお金を受け取る機会があります。税金の世界では、この受け取ったお金のことを「所得」といいます。この所得に対して課されるのが所得税です。

a. 所得の分類

　所得は10種類に分類されています（**図表1**）。会社にお勤めであれば、毎月のお給料や賞与は「給与所得」となります。アパートを所有していれば、入居者から受け取る家賃は「不動産所得」です。土地やアパートなどの不動産の売却代金は「譲渡所得」となります。不動産所得と譲渡所得の区別は少しややこしいので補足説明をします。

　例えば、元本と果実の関係で説明しましょう。元本と果実の関係を株式に例えると、元本は投下資金、果実は株式配当に当たります。不動産においては、元本である不動産の売却で得た所得は「譲渡所得」であり、不動

産が生む果実たる地代家賃として得た所得は「不動産所得」になります。

図表1

10の所得

1	利子所得	公債や預貯金などの利子	6	退職所得	退職金など
2	配当所得	株式や出資などに対する配当	7	山林所得	山林伐採や立木の譲渡などで得た所得
3	不動産所得	地代、家賃、航空機・船舶の賃料など	8	譲渡所得	土地、建物などの資産譲渡時の所得
4	事業所得	農業、小売業、サービス業などの事業から生じる所得	9	一時所得	クイズの賞金、損害保険の満期返戻金など
5	給与所得	サラリーマンの給料、賞与など	10	雑所得	1〜9に該当しない所得、公的年金や原稿料など

b. 譲渡所得税は儲けにかかるもの

譲渡所得税は、儲けにかかります。土地が1億円で売れたとしても原価が1.5億円であれば5,000万円の赤字です。赤字であれば譲渡所得税はかかりません。逆に、8,000万円で買った土地を1億円で売却すれば2,000万円の儲けです。儲けである2,000万円に対して譲渡所得税がかかります。このように譲渡所得税は、儲けに対して課される仕組みです。

c. 譲渡所得税は他の所得と分離して計算する

譲渡所得税を理解するには、所得税に関する「総合課税」と「分離課税」という概念についても知っておく必要があります。

「総合課税」とは、他の所得と合算して税金を計算する方法です。地代家賃などの不動産所得や給与所得は総合課税の対象となります。地主家主でかつ会社勤務している方の所得は、給与所得と地代家賃による不動産所得を合算したものが総合課税の対象です。税率は、「超過累進税率」によ

り決まります。超過累進税率とは、所得が増加するにつれてその増加部分に順次高い税率を適用する課税方法です。年間給料200万円の人と、年棒が数億円あるプロ野球選手に適用される税率に差があって当然であるという考え方に基づきます。

　一方、「分離課税」とは、他の種類の所得と合算せず分離して課税する方法をいいます。不動産売却益に対する譲渡所得は、一般的に資産の長期保有により発生したものであるので、そのまま他の所得と合算して超過累進税率で適用すると税負担が重くなります。そこで、負担の公平を図るために分離課税の対象となり、税額は分離課税方式で計算します。次に、その計算方法について詳しく説明します。

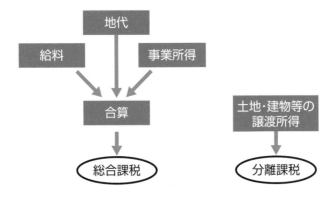

(3) 譲渡所得税の計算方法

a. 計算式

　譲渡所得税の計算式は次のとおりです。

売却金額−（取得費用＋売却諸経費）＝　売却益（もうけ）
売却益（もうけ）　　×　　税率　＝　譲渡所得税額

b. 売却代金・取得費用・売却諸経費

上記計算式の各項目について説明します。

「売却金額」は、土地を売った時の代金のことです。

「取得費用」は、土地を買った時の代金のことです。仲介手数料、印紙代、登記費用、不動産取得税についても取得費用となります。その他に建物解体費用、立退料なども認められることがあります。

「売却諸経費」は、売却にかかる仲介手数料、印紙代、測量費、不動産鑑定料、建物解体費用、立退料などのことです。

c. 取得費用が不明である場合

取得時の土地代金が不明である場合、今回の売買金額に対して5%を乗じた金額を取得費用とすることができます。また、実際の取得費が売買金額の5%を下回る場合も売買金額の5%を取得費とすることができます。

d. 譲渡所得税の税率

譲渡所得税の税率は、長期譲渡所得は20.315%（住民税、復興特別所得税を含む）、短期譲渡所得は39.63%（同左）です。

長期か短期かの区分は、取得して5年経つかどうかです。厳密には「譲渡した年の1月1日時点で5年を超えているかどうか」となります。この短期か長期かの区分によって、譲渡所得税の金額が大きく違ってきます。

e. 借地人から借地権を買い戻した土地を売却するとき

借地権を買い戻した土地を売却する場合、借地権部分が短期譲渡所得にならないように注意する必要があります。売却時に更地の状態である場合はつい見落としやすいポイントです。売却代金の全部を長期譲渡所得として計算してしまいがちですが、借地権部分については買い戻して5年経過していないと、借地権の部分だけは短期譲渡所得とされてしまいます。借

地権部分を査定する場合、通常、相続税路線価に記載された路線価割合を採用しますが、首都圏近郊では借地権割合が更地としての価格の6〜7割とされることが多いことから、売却代金の大部分が短期譲渡所得になることがあります。

(4) 譲渡所得の損益通算

「損益通算」とは、譲渡益と譲渡損を合算することです。土地を売却することで売却益（儲け）がでることもあれば、売却損（赤字）がでることもあり得ます。例えば、バブル期に買った土地など今となっては当時と比べて大きく値下がりしている場合があります。売却によって多額の利益が出て譲渡所得税が多額になるときは、他に保有している含み損のある土地を同一年内に処分して売却損を出すことで、譲渡所得税を減らせることがあります。

なお、個人の不動産を親族や親族が経営する法人に譲渡する場合は、第三者との売買のように交渉を経ることなく、価格はいわば自由に決めることができてしまいます。すると、当事者間では「売買」したつもりが、税務上「贈与」となってしまい、予期せぬ贈与税が課せられることがあります。そのため親族間売買では、贈与と認定されないよう税務署に対して価格の妥当性を証明するために不動産鑑定を用いることが一般的です。

4 固定資産の交換の特例

(1) 制度の概要

固定資産の交換の特例とは、固定資産である土地や建物を同じ種類の資産と交換したときは、譲渡がなかったものとする特例のことです。

土地AとBを交換するとします。交換するという行為は、土地Aを売

却して、土地 B を購入するのと同じです。したがって、土地 A を売却して売却益がでれば本来譲渡所得税がかかるはずです。

　しかし、一定の条件を充たせば交換しても譲渡所得税がかからない制度があります。土地 A を売却して売却益が出ても、土地 B を同時に購入すれば、実際の手元には儲けが残らないことから、将来、土地 B の売却時まで税金を課すことを留保するという考え方に基づきます。これは将来に課税を繰り延べることを意味します。

(2) 適用要件

　この特例を受けるための適用要件は、次のとおりです。

ⓐ　**交換により譲渡する資産及び取得する資産は、いずれも固定資産であること。**

　　不動産業者などが再販目的で所有している土地などの資産（棚卸資産）は、特例の対象外です。

ⓑ　**交換により譲渡する資産及び取得する資産は、いずれも土地と土地、建物と建物のように互いに同じ種類の資産であること。**

　　「同じ種類の資産」とは、土地の場合は土地どおしのことですが、底地や借地権は土地の種類に含まれますので、更地と更地、更地と借地権、更地と底地、借地権と底地の組合せはいずれも同じ種類の資産となります。また、共有持分であっても交換可能です。

　　なお、後ほど紹介するケーススタディ2では、借地権の付いた底地と更地の共有持分の交換を行った事例ですので参考にしてください。

ⓒ　**交換により譲渡する資産は、1 年以上所有していたものであること。**

ⓓ　**交換により取得する資産は、交換の相手が 1 年以上所有していたものであり、かつ交換のために取得したものでないこと。**

ⓔ　**交換により取得する資産を、譲渡する資産の交換直前の用途と同じ**

用途に使用すること。

　用途とは、資産の使い道のことです。同じ用途については、土地については宅地、田畑、山林など、建物については居住用、店舗又は事務所用、工場用、倉庫用などに区分されています。

　通常、土地については、同一用途かどうかを判別する場合は、土地の「地目（ちもく）」が手がかりになります。地目とは、不動産登記法上、その土地の利用状況によって区分された土地の用途のことです。登記事項証明書や固定資産税の課税明細には、地目の記載があり、宅地や雑種地などと記載されています。

　宅地とは、建物を建てる用途の土地のことです。雑種地とは、宅地などの特定の用途を持たない「その他の土地」のことで、一般的には、駐車場や資材置場などが該当します。

　なお、本件ケーススタディでは、宅地と雑種地の交換にあたって、そもそも宅地と雑種地は同一用途であるかが問題となりました。宅地と雑種地の交換は、一見すると「同一用途」に該当しないと思われるからです。しかし、周辺の土地の利用状況によっては、雑種地であってもいつでも宅地利用可能であると判断できる場合があります。具体的には、市街地内に存する駐車場の場合です。

　本件のケースでも、「現況は雑種地ではあるが、周辺の土地の利用状況から本件土地はいつでも宅地利用が可能である」として、雑種地を宅地として扱うことで特例の適用を受けることができた事例です。

ⓕ **交換により譲渡する資産の時価と取得する資産の時価との差額が、これらの時価のうちいずれか高い方の価額の 20% 以内であること。**

　交換するもの同士は、税務上、等価すなわち同じ価格であることが望ましいといえます。しかし、不動産において全く同じ価格というものは存在しませんので、交換により売却する土地と取得する土地の価額の差額がどちらか高い方の価格の 20% 以内であれば、税務上等価

とみなされることになっています。

　ただし、この要件については、価格（時価）がいくらなのかという問題が生じます。そこで、交換前に不動産鑑定により交換前の時価を把握しておくことが有用です。

（参照：国税庁 HP/ タックスアンサー / 譲渡所得 No.3502 土地建物の交換をしたときの特例）

ケーススタディ2
4 兄妹の共有地解消

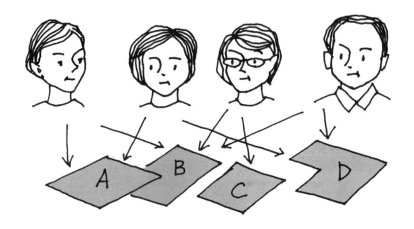

■兄妹仲良く…だけど

　戦国大名の毛利家ではありませんが、母の実家は兄弟仲良くが家訓だったそうです。母は、兄が1人、妹が2人の4人兄妹です。実際、私の母の兄妹は仲が良く、私の子供の頃は、夏休みや正月休みなどにはよく母の実家に遊びに行き、従兄弟達と楽しく遊んだ思い出があります。さすがに私も40代の半ばともなると従兄弟との交流はほとんどありません。しかし、母は、今でも叔母さんと連れだって観劇に出かけたりしています。そういった家風のせいでしょうか、母は兄妹3人と4筆の土地を共有しています。2筆は駐車場で、他の2筆は借地で、それぞれの地代は兄弟で仲良く分け合っています。

　しかし、そんな母も70歳に手が届こうという歳になり、伯父は既

に70歳を超えています。もし、4人で共有の土地を相続した場合を考えると、母や叔母達のように従兄弟達とうまくやっていけるか不安になります。従兄弟達と特段に仲が悪いわけではありませんが、もはや疎遠ですし、共有の人数が増えれば、それだけ意見がまとまりにくくなるのが道理です。できれば、母や叔母さん達が元気なうちに土地の共有関係を解消したいと考えたとしても、理解していただけると思います。

■4筆の土地

共有している4筆の土地は首都圏に点在しています。4人兄妹なのだから4筆の土地をそれぞれ1筆ずつ単独所有にすればよいようにも思えますが、それぞれ評価額が違うので、そう単純にはいきません。4筆の土地をそれぞれA地、B地、C地、そしてD地とします。A地は都内にあり、約120坪で今は駐車場です。幹線道路沿いということもあって、もっとも評価額は高いと思われます。B地はS県内で、最寄り駅は東京駅から1時間弱、広さはA地と大差なく約100坪、住宅街にある駐車場です。C地とD地もS県内にあり、C地が70坪、D地が80坪で、いずれも賃貸していますので、評価額はA地やB地と比べればさほどのことはないでしょう。

私としては、A地かB地を母の単独所有として、そこにアパートを建てたいと考えています。そして、母は他の土地の共有から抜けます。そうすれば、私は両親の老後の心配をする必要がありませんし、後々、複雑な共有関係に悩まされる心配がなくなります。しかし、そのためには、今、頭を使わなくてはなりません。

母の共有持分と伯父さん叔母さんの共有持分を交換して、A地かB地を母の単独所有にするとしても、それぞれの土地の評価額が異なりますから、母が受け取る3人の持分と、母が3人に渡す土地の持分の

価額が全く同じというわけにはいきません。おそらく母から幾ばくかの交換差金を支払わなければならないと予想されます。というわけで、何はともあれ、それぞれの土地の評価額を確認しなければなりません。私は、ネットで調べて、ある不動産鑑定士事務所に評価額の鑑定を依頼しました。

■各土地の評価額

　鑑定評価額は、私の見立てどおりA地が最も高く1億8,000万円、さらにB地が1億円、C地が2,400万円、そしてD地が3,600万円でした。評価額が解れば、いろいろと考えることができます。4人兄妹で各土地を均等に共有していますので、各人の持分の評価額は、A地で4,500万円、B地2,500万円、C地600万円、D地が900万円となります。

　仮にA地を母が単独所有するとなると、3人からそれぞれ4,500万円分ずつ、合計1億3,500万円分の持分を受け取ることになります。それに対して、母から3人に渡す持分の合計は、2,500万円＋600万円＋900万円ですから、合計で4,000万円分となります。これでは母から伯父さん達に支払う交換差金は、1億3,500万円と4,000万円の差額である9,500万円となります。持分の交換に必要な経費も母が持つとして、ざっと1億円近い現金が必要となってしまいます。はっきり言って、これを負担するというのは無理な相談です。

　となると、B地を母の単独所有にすることになります。B地ですと、母は3人から合計7,500万円分の共有持分を受け取ることになり、母から3人に渡す持分の合計は、4,500万円＋600万円＋900万円で合計6,000万円分となります。その差額は1,500万円ですので、必要経費を入れても、母が負担することが可能な金額となります。母から伯父さん叔母さん3人に500万円ずつ払い、B地は母の単独所

有、A地・C地・D地は、母が共有関係から抜けて、伯父さん叔母さん3人の共有になるわけです。

　B地であれば、住宅地にありますから、アパートを建てて、それなりの家賃収入を得ることができるでしょう。両親の老後の生活資金としては十分です。また、伯父さんや叔母さんにとっても、最も価値のあるA地について持分が増えるのですから、決して悪い話ではないはずです。鑑定士とも相談した結果、これが最も現実的な案だということになりました。

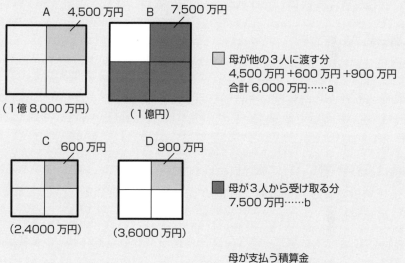

A　4,500万円　　　　B　7,500万円

（1億8,000万円）　　　（1億円）

⬜ 母が他の3人に渡す分
4,500万円 +600万円 +900万円
合計 6,000万円……a

C　600万円　　　　D　900万円

（2,4000万円）　　　（3,6000万円）

⬛ 母が3人から受け取る分
7,500万円……b

母が支払う積算金
b－a ＝1,500万円
1人当たり 500万円

■共有解消に向けて

　さて、こうして方向性は決まりましたが、肝心なことが残っています。伯父さんの説得です。

　前々から、私がこうした考えを持っていることを、それとなく伯父さん叔母さんに伝えていました。叔母さん2人はあまり関心がなさそ

うで、不公平のないようにするのなら別に構わないとのことでした。でも、伯父さんには「何か小狡いことを考えているんじゃなかろうな」という顔をされてしまいました。

　別に伯父さんに嫌われているつもりもありませんし、私が伯父さんを嫌っているということもないのですが、子供の頃から、厳しい伯父さんで、いつも叱られていたためか、この歳になってもちょっと苦手な伯父さんなのです。そこで、最も評価額が高いＡ地が３人の共有になるということは決して悪い話ではないこと等をしっかりと説明して、伯父さんを説得しなければなりません。

■伯父さんを説得

　このちょっと苦手な伯父さんの説得のためには、不動産鑑定士の方にしっかりとした資料を作成してもらい、伯父さんへの説得に同席してもらいました。

　Ｂ地にアパートを建てて、母の老後の生活資金を確保すること、Ａ地は、幹線道路沿いで最寄駅からも歩いて５分という好立地である上、今後の資産価値の向上も望めること、Ｃ地やＤ地についても４人の共有から３人の共有になるため、各人の地代収入が増え、将来的には借地関係を整理すれば有効活用も期待できることなど、不動産鑑定士の方から説明してもらいました。

　伯父さんは興味深そうに話を聴いていました。聴き終わった伯父さんは、私の方を向いて「お前も、母親のことや、将来のことをちゃんと考えられるようになったんだな」と言い、ニヤッと笑いました。未だに子供扱いですが、褒められて悪い気はしません。いつも叱られてばかりいた伯父さんでしたが、有名私立中学に合格したことを報告したときには「よくやった」と頭をぐりぐりとなでられたものです。そんな思い出が頭をよぎりました。

伯父さんに了解をもらったので、さっそく登記や交換差金の支払いに向けた作業にかかりました。さすがに4筆の土地の4人の共有持分の交換ですので、書類の山と格闘する日が続きました。不動産鑑定士の方には、税務関係の調整について相談にのってもらったり、登記のために司法書士を紹介してもらうなど、最後までお世話になりました。でも、最もありがたかったのは、伯父さんの説得でした。

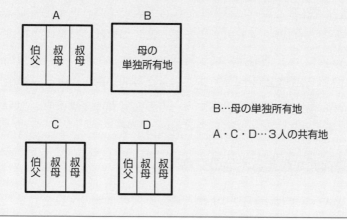

B…母の単独所有地
A・C・D…3人の共有地

第9章 共有地の等価交換

265

5 交換による共有地解消

(1) 前説

　本件のケースでは、4兄弟の共有地解消を行いました。共有地解消の目的は、単独所有者となった母の土地に母名義のアパートを建てることでした。アパートからの家賃収入を得るようにしておけば、母の老後は安心でしょう。このように共有地解消を行う場合には、土地の有効活用を図ることや売却して資金調達を図りたいといった目的があることが一般的です。

　以下では、共有地解消を提案する一方の共有者の立場から、他の共有者らに提案するための基本的な知識を説明します。

(2) 都道府県を越える土地の交換

　本件のケースでは、都内の土地と埼玉県内の土地の交換をしました。固定資産の交換の特例の適用要件には、土地の所在地について制限はありません。極端な話、沖縄県と北海道にある土地を交換してもよいのです。

　昭和はじめの戦時中に空襲から身を守るため、疎開などで郊外へ移り住んだ経緯がある場合は、都心と郊外の位置的に離れた複数の土地を所有していることがあります。複数の共有地がある場合は、共有関係の解消のために土地交換の可能性を検討することも1つの方法です。

(3) 交換対象の価格

　等価交換を検討する場合、無論、税務上の固定資産の交換の特例の適用を受けることが大前提ですが、実際のところ、税務上の視点だけでは交渉がまとまり難い面があります。税務上は交換対象となる各資産の価格は全く同じ金額にはならないので、価格の誤差について20%以内まで認めて

いるのですが、実際に交渉する相手にとっては、税務上の問題だけでは片付かない場合があります。

　具体的には、税務上は、例えば、1億円の土地と8,000万円の土地は等価であるとみなされますが、1億円の土地の所有者側からすると当該土地を手放す代わりに8,000万円の土地を交換で取得するメリットがないわけです。

　この場合、交換差金の支払いで調整します。

（4）交換差金

　「交換差金」とは、交換する不動産の評価が異なる場合の差額の金額のことです。差額がある場合は、交換当事者間において交換差金として金銭で清算します。なお、相手方から交換差金を受け取った場合は、譲渡所得税の課税対象となります。

（5）公平な交換

　本件のケースでは、土地の評価額に差異がでました。そのため、交換差金として金銭で清算しました。土地交換を行う場合は、交換当事者はいずれにもメリットが多いものです。しかし、提案者の方が相対的に多くのメリットを感じることで他方に提案するのが通常です。したがって、交渉をまとめるためには、提案される側にも、経済的メリットがあることをしっかりと訴求することが必要となります。

　上の例でいうと、提案者の方が価格の高い1億円の土地を引き渡し、価格の低い8,000万円の土地を引き受ける場合、割りを食うのは提案者の方です。提案される側は、評価の差額分について経済的メリットを享受することができますので、交渉がまとまりやすくなります。また、評価に差額が生じる場合は、あえて交換差金として金銭で清算する方がよい場合があります。

このように税務上とは別に、交換当事者にとって価格の問題は、意思決定をする上で重要な関心事ですので慎重に取り扱う必要があるでしょう。

(6) 諸経費

税務上の固定資産の交換の特例を受けると譲渡所得税はかかりませんが、契約に係る印紙税、名義変更にかかる登録免許税、不動産取得税などの諸経費の負担が生じます。諸費用については、交渉の流れで提案者の方が負担することがあります。本件のケースでも、相手方から「交換には応じるけれど、諸経費はそちらでもってほしい」という要望がありました。相手方に係る諸費用まで負担する場合、その金額が税務上の交換差金とみなされることがありますので、税理士に確認する必要があります。無論、土地交換には当初から税理士の関与が欠かせません。

(7) 銀行との事前交渉

本件のケースにおける交換の目的は、共有関係を解消し、単独所有者となった母の土地に母名義のアパートを建てることでした。銀行融資を受けるためには、土地交換スキームを事前に銀行担当者に十分に説明しておく必要があります。本件のケースでは、交換差金や諸経費を含めて銀行融資でまかなうことができました。

6 共有物分割という方法もある

本件のケースでは、共有持分の交換によって共有地の問題を解決しています。しかし、なにも共有持分の交換などという複雑なことをしなくとも、土地の規模が大きく、単純に1筆の土地を分割すればよいではないかということもあります。共有物分割という方法です。

このとき、単純に2分割できればよいのですが、間口が狭い場合には工

夫が必要です。例えば、一方は道路に面した整形地になるけれども、他方は間口が狭く、敷地部分が奥に配置されて敷地部分と道路をつなぐ路地状敷地のある「旗ざお敷地」にならざるを得ないこともあります。このような場合は、それぞれの土地が同じ評価額になるように土地の分筆ラインを決める必要があります。土地の形状や行政上の条件により消化できる容積率なども違ってくることもあります。分筆後の敷地に将来中高層建物を建てる可能性がある場合は、日影規制など建築上の見落としやすい制限にも注意が必要です。「日影規制」とは、近隣への日照を確保するための建物の高さ制限のことです。このように、土地の分割の場面においては、複雑な問題が生じることが多いので、それぞれの土地が同じ評価額になるかどうかを含めて専門家のアドバイスを受けることが必要でしょう。

【参考文献】

- 『借地非訟事件における財産給付額等算定事例集』（最高裁判所事務総局編集・法曹会・1969 年）
- 『借地非訟事件における財産給付額等算定事例集（第 3 集）』（最高裁判所事務総局編集・法曹会・1977 年）
- 『借地非訟事件における財産給付額等算定事例集（第 4 集）』（最高裁判所事務総局編集・法曹会・1980 年）
- 『借地非訟事件における財産給付額等算定事例集（第 5 集）』（最高裁判所事務総局編集・法曹会・1984 年）
- 『新版　注釈民法（15）債権（6）（増補版）』（幾代通／広中俊雄編集・有斐閣・1996 年）
- 『賃料評価の理論と実務―継続賃料評価の再構築―』（賃料評価実務研究会編集・住宅新報社・2006 年）
- 『実務解説　借地借家法』（澤野順彦編・青林書院・2008 年）
- 『不動産の評価・権利調整と税務―土地・建物の売買・賃貸からビル建設までのコンサルティング（第 43 版）』（鵜野和夫著・清文社・2021 年）
- 『借地非訟の実務』（植垣勝裕編集・新日本法規・2015 年）
- 『要説不動産鑑定評価基準と価格等調査ガイドライン』（公益社団法人日本不動産鑑定士協会連合会　鑑定評価基準委員会編集・住宅新報出版・2015 年）
- 『継続地代の実態調べ（令和 3 年版）』（日税不動産鑑定士会・2021 年）
- 『コンメンタール借地借家法（第 4 版）』（稲本洋之助／澤野順彦編・日本評論社・2019 年）
- 『借地借家法の解説（4 訂版）』（渡辺晋著・住宅新報出版・2021 年）
- 『会社非訟事件及び借地非訟事件を中心とした非訟事件に関する書記官事務の研究』（裁判所職員総合研修所編集・法曹会・2021 年）
- 『判例タイムズ No.1075』（東京競売不動産評価事務研究会編集・判例タイムズ社・2002 年）
- 『ハーバード流交渉術　必ず「望む結果」を引き出せる！』（ロジャー・フィッシャー／ウィリアム・ユーリー著・岩瀬大輔訳・長澤義文編集・三笠書房・2011 年）
- 『完訳 7 つの習慣（普及版）』（スティーブン・R・コヴィー著・フランクリン・コヴィー・ジャパン訳・FCE パブリッシング　キングベアー出版・2020 年）
- 『民法 I 第 4 版 総則・物権総論』（内田貴著・東大出版会・2008 年）

・『民法Ⅲ 第 4 版 債権総論・担保物権』（内田貴著・東大出版会・2020 年）

・『民法Ⅳ 債権各論 第 4 版（有斐閣 S シリーズ）』（藤岡康宏・磯村保・浦川道太郎・松本恒雄共著・有斐閣・2019 年）

・『民法 6 親族・相続 第 5 版（LEGAL QUEST）』（前田陽一・本山敦・浦野由紀子共著・有斐閣・2019 年）

・『一問一答 民法（債権関係）改正（一問一答シリーズ）』（筒井健夫・村松秀樹編著・商事法務・2018 年）

・『民事訴訟法 第 3 版（LEGAL QUEST）』（三木浩一・笠井正俊・垣内秀介・菱田雄郷共著・有斐閣・2018 年）

・『民事執行・保全法 第 6 版（有斐閣アルマ ＞ Specialized)』（上原敏夫・長谷部由起子・山本和彦共著・有斐閣・2020 年）

（著者プロフィール）

三原 一洋（みはら かずひろ）

　不動産鑑定士。1975 年和歌山県生まれ。不動産鑑定事務所、ファイナンス会社の不動産評価・融資審査業務を経て、2006 年、株式会社 日本橋鑑定総合事務所を設立。同社代表取締役に就任。不動産オーナーに対して、個別事情に応じた不動産問題の解決を図るサポートを行うかたわら、不動産に関する各種講演や執筆活動を行う。それらの取組みはメディアにも取り上げられている。

大野 徳明（おおの のりあき）

　行政書士。1963 年埼玉県生まれ。1990 年早稲田大学大学院法学研究科前期博士課程修了。資格試験予備校の法律科目講師及びテキストライターを経て、不動産投資関連雑誌の記者として、書籍の制作及び執筆活動を行うと共にセミナー講師も担当。講師経験に基づく分かりやすい解説には定評がある。その後、不動産投資会社の法務担当に転じ、訴訟手続や執行手続、組織再編などの幅広く企業法務を担当した。

ケーススタディで学ぶ
地主が知っておくべき
地代交渉と借地・共有地の有効活用

2022年6月25日　初版発行

著　者　三原　一洋
　　　　大野　徳明

発行者　橋詰 守

発行所　株式会社 ロギカ書房
　　　　〒 101-0052
　　　　東京都千代田区神田小川町2丁目8番地
　　　　進盛ビル303号
　　　　Tel 03（5244）5143
　　　　Fax 03（5244）5144
　　　　http://logicashobo.co.jp/

印刷・製本　藤原印刷株式会社